纸短情长

中国笺纸里的艺术故事

张楠　著

江苏凤凰美术出版社

前　言

中国笺纸虽小，却蕴含着关于中国文化艺术的大学问。张楠以数年之功写成的这本《纸短情长：中国笺纸里的艺术故事》，的确做到了"以小见大""一叶知秋"。在具体问题的探索中，她更是"采一炼十""一往而深"。做研究，对一个学者来说最重要的有时不是有用，而是有趣。张楠阶段性完成的这项研究不仅有趣，还调动了她的所有热情并觅到了属于自己的真课题。更何况这期间她还生了宝宝，双喜临门，可喜可贺！

张楠是绘画及美术史出身，又在北京画院做了多年的典藏、研究、出版工作，负责过美术馆的公共教育，还策划过展览，故而她具有对研究的严肃态度，对读者、观众的一份关爱。因此读她的这本书，我的总体感受是语言平实，深入浅出，而且有情有义。文中配以的插图选择精准，荡开一笔的所谓逸事也温润暖人。古代不说，近现代从鲁迅、郑振铎，到齐白石、陈师曾、张大千、溥心畬、罗振玉、姚茫父、陈半丁、王梦白、溥心畬、傅抱石、王雪涛等艺术家，这些闪亮的名字皆围坐于花笺之畔，美妙得很！这怎能不是一本好读、好看的书。

在一个网络的时代，信笺意味着什么？这让我想起前几年研究过文震亨的《长物志》。这本书被称为晚明中国文人生活的百科全书。大多数学者认为"长"在这里读 zhàng，"长物"是指"多余的东西"。想到这些美妙的笺纸，当下或许也为"长物"。但此"长物"之于"文震亨"们或许就是生命中的必需之物。在《长物志》中，文震亨表面好像在细数一树一花、一书一画，实则在讨论那些古雅之趣。在"格物"的逻辑下，探求更多物与人、物与社会、物与历史的关系，他试图在表明物其自身的能量，甚至是"物"之于世事人心的反作用力。那些被作者标识为"古""雅""韵"的物，逐渐成为在商业发达而阶层开始模糊的晚明江南文人的标志，进而被模仿甚至流行。文震亨写这部书还有一点，就是怕忘记。而到了近现代，齐白石依然会不舍昼夜为诗友画笺，鲁迅、郑振铎所出的《北平笺谱》会一版再版，洛阳纸贵，可见对于中国的文化人这并非真的"长物"。笺纸里有星空，花笺上含情愫。这纸上的背景音乐，不喧宾不夺主，自有韵味且意趣绵长。哪怕在今天，真实世界中的真实情感更是至关重要的。无论是张楠曾经在北京雨儿胡同齐白石旧居纪念馆策划笺纸展览，还是北京画院在美术馆公共教育的活动中，让孩子们画信笺并在母亲节时给妈妈写的一封信，都在唱和本书的名字"纸短情长"。的确，花笺之美不会落幕，此中真味自有未来。

吴洪亮

2022 年 12 月 5 日于北京画院

目　录

导语

中国的笺纸文化源远流长近千年。传统文人为了传情达意，在小小的笺纸上绘制出美丽的图案，寄托对远方家人、朋友的思念。被称为"文学战士"的鲁迅，给新婚不久、已有身孕的许广平用漂亮的枇杷笺和莲蓬笺写信。鲁迅知道许广平素爱吃枇杷，莲蓬并蒂又意为多子多福。妻子看到笺上图案，就已心领神会夫君的浪漫柔情。

一、"笺纸"与"笺谱"的历史

"笺"，本指狭条形小竹片，古代无纸，用简策，有所表识，削竹为小笺，系之于简。纸发明以后，文人常把精美的小幅纸张，供题诗、写信用的叫作纸笺、信笺。如果把"笺"和"纸"两个字合在一起，就变成了具有艺术价值的加工纸，取名为花笺、诗笺等。每一枚笺纸，堪称一幅微型的国画，或是钟鼎彝器的拓片，或清新淡雅，或古朴凝重。其可在方寸之内，集诗、书、画、印于一体，让人在阅读诗词或书信的同时，得到一种视觉上的美感。因而文人雅士对笺纸十分喜爱，他们将收藏的笺纸归类成册成为"笺谱"。"笺纸"与"笺谱"在中国文化史上曾有过一段辉煌的时期。

笺纸的历史非常久远，其色彩、纹饰，大致经历了一段由素转彩、由简入繁的发展过程。染色笺纸的出现始于何时，尚无定论。但据记载，晋诏书多用青色纸，王羲之用过紫色纸，可知最迟至六朝，染色纸已行于世。而饰有花纹的笺纸则在唐代开始流行。在唐元和年间（806—820），四川的一位传奇女诗人薛涛用芙蓉花汁制成带有花香的诗笺，并与元稹、白居易、刘禹锡等人以诗笺唱和。"薛涛笺"也就成为最早的私人定制信笺，并流传下一个个"彩笺传情"的佳话。五代时，南唐李后主所制的澄心堂纸，坚洁如玉，名震一时。宋代笺纸，名目繁多，有藏经笺、玉版笺、海苔笺、金花笺等。当时还出现了利用雕版技术在纸上压印出凹凸纹饰，被称为"砑花"的技术，文人笺纸中常见这种隐秘的"砑花"笺纸。至元代，其材质和样式大致与宋代相同，但也出现一些新品种，如观音笺、清江笺等，文人墨客常用笺纸赋诗写字。

明代是中国木版水印艺术的高峰期，主要标志是其开始与刻版、绘画发生密切的关系，尤其是万历年间，木版水印笺纸开始流行，可谓穷工极妍，美妙绝伦。文人雅士爱笺情深，将所藏笺纸归类成册，制作成笺谱，以备流传于世。明代吴发祥刻印《萝

《薛涛制笺图》　张大千　吉林省博物院藏

轩变古笺谱》，堪称我国古代拱花木刻彩印笺谱之首，是我国已知现存最早的笺谱。明代李克恭在《十竹斋笺谱》序中言："昭代自嘉隆以前，笺制朴拙，至万历中年，稍尚鲜华，然未盛也；至中晚而称盛矣，历天崇而愈盛矣。"明崇祯十七年（1644），胡正言刻成《十竹斋笺谱》，郑振铎先生认为其"精工富丽，备具众美，中国雕版彩画，至是叹为观止"。《十竹斋笺谱》代表了明代笺纸印刷技术的最高水平，其采用了饾版、拱花等多种印制方法，巧夺天工，令人惊叹。

清代开始，社会比较安定，笺纸的印制有了进一步的发展。康熙十年（1671），李渔在《闲情偶寄·卷四·器玩部》中就专

明代　蜡印故事笺　北京故宫博物院藏

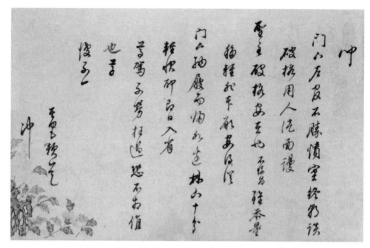

明代　董其昌手札　饾版拱花套印　上海图书馆藏

有"笺简"一节，文中说道："我能肖诸物之形以为笺，则笺上所列，皆题诗作字之料也。还其固有，绝其本无，悉是眼前韵事，何用他求？已命奚奴逐款制就，售之坊间，得钱付梓人，仍备剞劂之用，是此后生生不已，其新人见闻，快人挥洒之事，正未有艾。即呼予为薛涛幻身，予亦未尝不受，盖须眉男子之不传，有愧于知名女子者正不少也。""已经制就者，有韵事笺八种，织锦笺十种。"李渔论述了花笺的形式，并说到已制成的笺种。最有趣的是：李渔对当时书坊的盗版和抄袭行径，大为恼火，声称"誓当决一死战"。由此也可以看出当时花笺市场的繁盛。乾隆时期，帝王及臣子多好艺文，笺纸的需求更为广泛，据传成亲王所用的笺纸，其典雅秀丽不亚于《十竹斋笺谱》。清代嘉庆、道光后，笺纸逐渐衰落，但文人自印笺纸的风气仍很流行。清晚期，

明　天启六年刊　《萝轩变古笺谱》　上海博物馆藏

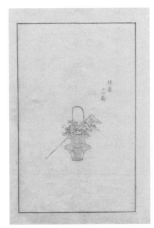

《十竹斋笺谱》　中国国家图书馆藏　明版

（左：采药笺；右：陆橘笺）

翁方纲、王文治、孙星衍、阮元、吴云、潘祖荫、吴大澂、陈介祺、赵之谦、叶昌炽、杨沂孙、俞樾等文人，擅长金石书画，他们根据各自喜好定制诗笺，常以古钱、碑刻、铭文、青铜器入笺，被称为"金石书笺流派"。道光、咸丰以后，苏、沪、杭等地的纸店里还出现了以当时的知名画家作品为图案的笺纸，常出现在笺纸上的有任伯年、虚谷、胡公寿、吴昌硕、王一亭等人作品。但时至清末，笺纸的艺术品位开始走下坡路。光绪末年，北京画师李钟豫、刘锡玲、朱良才等，所作笺纸流于世俗，匠气十足。到了宣统时期，林纾以古人词意，绘制成山水题材的笺纸，颇有一种高雅清新的趣味，从此开启了文人画笺之先河。

笺纸的最后一个高峰是民国初期，这与文人画的兴起有着直接的联系。当时，姚茫父、陈师曾等声名鹊起，成为民初画坛领袖，二人均参与过笺纸的绘制，给笺纸的设计和制作注入了新的血液。随后，张大千、齐白石、溥心畬、王梦白、虚谷、陈石曾、王雪涛、傅抱石、吴待秋、陈半丁等诸多画家纷纷涉足笺纸，成为一时风尚，文人画笺迎来新的高峰。从此以后，笺纸便成为将诗、书、画、印汇聚一堂，精彩纷呈、意趣盎然、品位高雅、清俊疏朗的艺术品。齐白石画的信笺，趣味生动，老少皆宜。民国笺纸多会题契合画意的诗词，加上自刻篆书印，以及南纸店的随形印，小小一张笺纸，集诗、书、画、印于一体，意蕴悠长，富有诗意。民国笺纸的图案中文人画将作坊俚俗取代，更注重意境的追求。刻印高手众多，笺纸风格细腻流畅，用色匀称妍雅，还选用上好宣纸，采用木版水印技术。

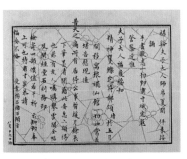

清　杨昌绪致钱泳手札

清　李福致黄丕烈手札　歌薰阁制笺　　　清　赵怀玉致吴锡麟手札　研光笺

樊增祥用金石笺给　　　民国北平故宫博物院　　　民国北平故宫博物院
　齐白石写信　　　　　　制西清砚谱笺　　　　　　制西清砚谱笺

当时的印笺店铺，清末民国仅北京琉璃厂一带著名的南纸店就有松竹斋、清秘阁、荣录堂、含英阁、青云阁、秀文斋、松筠阁、静文斋、懿文斋、宝晋斋、松寿斋、诒晋斋、敏古斋、晋豫斋、宣元阁、拾华斋、万宝斋、翊文斋、文楷斋、淳菁阁、成兴斋、彝宝斋、豹文斋、松华斋、万成斋、松古堂、伦池斋、荣宝斋等；天津有文美斋、士宝斋、文华斋、宝文堂、同文仁、瑞芝阁、锦胜祥等南纸店，这些南纸店共同构成了清末北方制笺行业的主体。南方有南京十竹斋、蕴玉堂、翠文阁、聚宝楼等。上海笺扇庄，有九华堂、朵云轩、锦云室、两宜堂、文宝堂、戏鸿堂、文华阁、九福堂、一言堂、翰青阁、鸥香榭、文魁堂、凌云阁等。当时笺纸店印制的笺纸题材分为山水、花鸟、人物、草虫等，使得笺纸达到了精美绝伦的程度，赢得了"名画、名店、名刻、名印"四绝的赞誉。

随着现代西方书写技术的传入，笺纸慢慢失去了其当初的实用功能，成为极具中国文化特色的艺术品，很少有人舍得使用。收集笺纸装裱成册成为笺谱，既可供文房清玩、欣赏，又是研究借鉴的艺术史料。其中最为著名的"收笺成谱"事件为20世纪30年代，鲁迅与郑振铎合编《北平笺谱》。他们收集北京琉璃厂荣宝斋、松华斋、静文斋、宝晋斋、上海朵云轩、九华堂等所藏珍贵的笺纸藏版，精选其中的331幅古今名人画笺，于1933年木刻精印100部，分送友人，成为近代出版史上的一件大事。该谱宣纸线装，色彩古雅，雕刻、印刷、图案三绝，收录了林纾的山水笺、陈师曾的诗笺、戴伯和的鹤笺、李柏霖的花卉笺、王

1935年 《北平荣宝斋诗笺谱》 北京画院藏

振声的动物笺、姚茫父的唐画壁砖笺、西域古迹笺、齐白石的人物笺、吴待秋的梅花笺、陈半丁的花卉笺、清末女画家缪素筠的花鸟笺等，图案内容丰富，珍贵异常，最大限度地保存了这一传统的艺术资料，堪称"中国木刻史上断代之唯一丰碑"。

编印《北平笺谱》的同时，北京荣宝斋还印制了《北平荣宝斋诗笺谱》，上海朵云轩印制了仿古名笺，天津文美斋出版了张兆祥绘制的《百花诗笺谱》，这些笺谱在当时成为文人雅士营造怀古氛围的案头心爱之物。中华人民共和国成立以后，所剩南纸店不多，仅剩荣宝斋归为国有，1951年名字改为"荣宝斋新记"重新开张。荣宝斋又于1951年、1952年、1953年根据《北平荣宝斋诗笺谱》多次编选复印了不同版本的《北京荣宝斋新记诗笺谱》，1951年和1952年收笺200幅，1953年收笺120幅。1954年"荣宝斋新记"出版套印本《荣宝斋笺谱八种》，1955年又

1957年　《发光的宝藏》德国版封面

根据《荣宝斋笺谱八种》略加增补，收录80幅重编《北京荣宝斋新记诗笺谱》。后荣宝斋于1957年略加整理出版了《北京荣宝斋诗笺谱》四册，与之前版本略有不同，收笺画160幅。1957年，德国柏林将《北京荣宝斋新记诗笺谱》中21幅作品编成德文版笺谱，书名为《发光的宝藏》。1961年德国莱比锡印所再版英文版《发光的宝藏》。

《北平荣宝斋诗笺谱》《北京荣宝斋新记诗笺谱》《北京荣宝斋诗笺谱》北京画院均有藏。

二、制笺的工艺

在素纸不能满足人们审美需要的时候，便有了染色、砑花、

宋　沈辽　《动止帖》　27.1厘米×36.6厘米　上海博物馆藏

描绘花纹图案等完全出于审美追求的举措。明代之后更是以雕版、饾版、拱花的形式赋予笺纸更多的艺术含量。可以说，笺纸的发展史不仅是印刷技术的发展史，更是历代文人对美的自觉追求历史。

　　如宋代的砑花工艺也使用在制笺上。砑花是先在木板上雕刻出阴线图案，覆以薄而韧的彩色笺纸，然后以木棍或石蜡在纸背面磨砑，使纸上产生出凹凸的花纹来。代表作品为上海博物馆所藏沈辽《动止帖》，其就使用了水纹砑花笺。

　　而到了明代万历年间，木版水印工艺开始流行于制笺。木版水印是一种木刻套版多色叠印的印刷方法。木版水印笺纸的内容大致有花卉鸟兽、山水人物、天文象纬、服饰彩章等，十分文雅精美。

明代开始，笺纸的印制可谓概括了中国版画艺术的诸多技巧，凝聚了中国在绘画、雕刻、印刷、造纸等方面的成就，其间的工序紧密相连。作为中国传统雕版印刷产物的笺纸，印制过程包括五大步骤：勾描、分版、刻版、上色、印制。设计好画笺完成后的第一道工序便是勾描、分版。勾描虽然也是"描画"，却是印笺工序中最重要的一环，也是第一道工序，统领整个雕刻环节，它直接关系到线条与色泽的精准，是描摹，不是创作，是分版雕刻的基础，所以要归入雕刻工序。从雕版环节上说，无论单色雕印、多色套印，还是分色分版套印、饾版拱花，都独树一帜，别有魅力。勾描是用半透明的纸蒙在原画稿上进行影写。勾描有三种情形：一是白描，就是单独用墨线勾勒描摹，不加其他颜色；二是双勾，就是按照色彩多寡，每色一图，以便于每张一版去雕刻；三是没骨画，要完全按照原稿色彩来重现画面，没有线条笔迹。实际上勾描是为雕版印刷内容的准备。在书籍雕版上讲，即"写样"工序。先将原稿绘写在一张极薄的半透明纸上，然后反贴于木板表面称为"上版"；再用棕刷轻拭纸背，等糨糊干燥后，擦去纸背底层，纸面仍留在木版上，再以芨芨草打磨，这样纸面上的图文会反向转到了木板上，即可以雕刻，这就是"贴样法"。另一种，是将纸样反贴于用水涂湿的木板上，压平，再将纸揭去，让墨迹吸入木板，但取得的字迹不如前一方法清晰，这叫"墨浸

勾描　　　　　　　　　　　刻笺雕版

雕版上色　　　　　　　　　印制

法"。

　　然后就是刻笺雕版，将木板上有墨迹的部分保留，镂去空白部分，使墨迹图文形成凸起的阳文反字。刻版时，要将原稿放在手边对照，尽量自然妥帖，少人工雕琢的匠气。

　　笺纸的刊刻比较复杂，尤其是分版套印彩色画面。当一页画面版片多达几十片或者更多时，套印时颜色要精准，印刷时着色、着力要恰到好处，这都是靠领悟、体验而取得的经验。手工艺术品产量少，但同时对品质的把握更有体验性和个性。

在分版套印时出现两种复杂的制笺工艺："饾版"和"拱花"。"饾版"指明万历年间安徽民间流行的一种木刻套版多色叠印的印刷方法。通常先根据画稿设色深浅浓淡、阴阳向背的不同进行分色，刻成多块印版，然后依色调套印或叠印，因其堆砌拼凑，有如"饾饤"（一种堆叠的食物），故称"饾版"。其具体操作方法是：先根据画稿水墨的浓淡、干枯程度，色彩的倾向、深浅程度进行分色设计，按不同的色调分别勾画在纸上，再将分好的色稿分别移至版画，刻制成多块印版。印刷是由浅至深、由大到小，一一套印或叠印，最后完成彩色画面。"饾版"套印在印刷过程中，技术要求极为严格，套版必须准确，还要掌握水分的多少，在印版上往淡色中加重彩或其他颜色，使之自然衔接、融合，

清乾隆　饾版拱花花笺

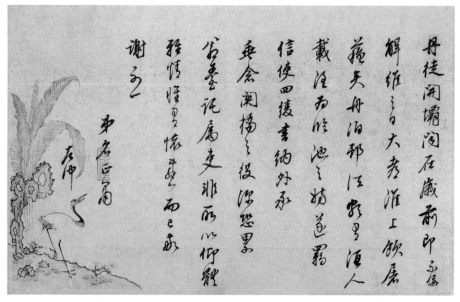

明　董其昌手札　饾版拱花套印　上海图书馆藏

以显示深浅、浓淡、阴阳、向背、远近、虚实，印出后达到在宣纸上酷似画出来的笔墨效果。一幅图画往往要刻三四十块版子，先轻后重印六七十次。在色彩的运用上，"饾版"彩印的独特效果只用色彩，不用线条，酷似北宋的"没骨画法"。

　　"拱花"是不着色的刻版印刷法，在印刷上以凸出的线条表现各种纹样和花饰，印刷时不着色，将其压印在纸上，因纸略湿，使之凸起而产生立体感，类似现代凹凸版印刷。这种方法多用于印刷行云流水、博古的纹样、禽鸟的羽毛等。行云流水之类，如果用线条印在纸面上，往往显得平淡呆板，而用"拱花"则易于形成立体的浮雕感，又便于笺纸使用者的挥毫。《萝轩变古笺谱》

《十竹斋笺谱》印刷饾版

和《十竹斋笺谱》中都大量采用了"拱花"衬托，极为古雅精美。

三、信笺的书写方式

"展信安，见字如晤，翻一页纸，知三生事。"书信曾经是人类重要的交流媒介，中国人自古最懂纸短情长。从前，车马慢，书信远。在那飞鸽、马车、乌篷船的年代，昏暗的油灯前，有人用一管羊毫、一块古砚、一纸花笺，寥寥数语，却写尽了家国人事，儿女情长……"鱼雁传书""红叶传书"，书信跋山涉水送到收信人手中，把思念送达，让风回到了家，徐徐而来的浪漫就此画上了句点。

书信在古代，是沟通联系的最重要方式，同时代表了写信人的形象、学问、态度等。因此古人作书信，均很慎重。魏晋时期，就开始有人撰写"书仪"，就是各类信札的格式，以供他人写信时套用。

宋代已有完备的书信结构：包括具礼、称谓、题称、前介、本事、祝颂、结束、日期、署押。

以上海博物馆所藏《李应祯致吴宽札》为例，这是一封结构非常完备的尺牍。信札录之如下：

应祯顿首奉书。

匏庵谕德先生契兄执事。

应祯久不闻问，驰仰何可言。归得所惠书，良以为慰。原晖遽尔长逝，不胜悲悼。吾兄手足情深，何以堪处？然亦无可奈何，幸勉强以安客怀。仆江湖之役倦矣，今仍差往湖广，以完前件，情思亦殊不堪。此行须近冬才得还，不烦记念。世贤、玉汝诸故旧未得一一作书，幸为致意。余不多及，惟照察。

《李应祯致吴宽札》 上海博物馆藏

六月廿四日应祯顿首再拜。

《童中州集》序企望久矣，早发下为荷。至祝至祝。

具礼，又称"前具礼"，是写信人在起首处对收信人表示尊敬之语。信中"应祯顿首奉书"便是具礼的一种。此外常见者还有"惶恐""稽首""端肃"等。

称谓，是对尺牍双方长幼亲疏关系的表示，如"契兄""贤弟""老友""尊道丈"等。上牍中称吴宽为"匏庵谕德先生契兄"，表示他与吴宽为同辈。

题称，是对收信人表示尊敬的辞令，如"阁下""座前""足下""左右下""侍史"等，意思是写信人比收信人地位低下，要通过对方的左右侍从，将信呈交给对方。信中"匏庵谕德先生契兄"后所跟"执事"既定执事，指左右侍从之人，与"侍史"意相似。

前介，是本事之前的开场白，或表达问候、瞻仰或叙及时令，或为祈颂。信中"应祯久不闻问，驰仰何可言。归得所惠书，良以为慰"便是。李氏先叙旧，十分牵挂，后言妥收来信，甚是欣慰。

本事，是信的主要内容。信中，本事为"原晖遽尔长逝……"至"幸为致意"一段，主要说了三件事：其一，对吴宽弟弟原晖的过世表示哀悼，并请吴宽节哀。其二，交代自己近期将去湖广办差事，至冬方归。其三，请吴宽向世贤、玉汝诸位转达并致意。

祝颂，是对收信人表示关切祝福之语，如"千万珍重""伏惟纳福"等。上牍末"至祝至祝"也属于此类。

结束，为结束信函之语，如"谨复""不备""不宣""不一一"等。"余不多及，惟照察"则为结束语。

日期，即写信的日期，通常只记月日。其所系年份，需另加查考。如信中的"六月廿四日"。信中提到吴宽弟原晖新逝，据此可知此牍书于成化二十一年（1485）。

署押，是信末的签名，名后常常加附行礼，如"某顿首再拜""某顿首""某拜覆""某拜禀""某手启""某手状"等。上牍中李氏便用"应祯顿首再拜"，以示郑重。

此外，信札后附有"《童中州集》序企望久矣，早发下为荷。至祝至祝"一段，一般称作"附述"。附述，大多为与本文无甚关联之语，附载于信末余纸之上。常注上"又及"二字。

不过信札的结构并非全然固定。各部分位置可变化，某些部分也可以省略。尤其是熟悉的朋友之间，尺牍往来较为随意，于结构多有减省。

明清民国时也基本保持宋元书信的常见格式：包括称谓、题称、启辞、正文、附言、结语、问候、署名、日期。具体格式如下：

称谓：（收信人）

垂鉴、赐鉴、钧鉴、尊鉴、台鉴

题称：（寄信人与收信人关系）

敬禀者、座下、座右、座前、函丈

启辞：（开场白）

寒喧客套。如：顷诵华笺，具悉一切。

正文：从信笺的第二行开始写，前面空两字。

附言：内容有遗漏，补在结尾后面；或信右下方空白处。附言前加"另""又"等；附言后写"又及"或"再启"字样。

结语：不具、不备、不一一，谦称书意简略，不能详陈。再用"肃此""专此"等总括。

问候：肃此，敬请福安、道安、金安。

署名：写信人。

日期：所处环境、心境。

斗转星移，时移世易，文人趣味的转变，绘画风格的变迁都会在一张小小的笺纸展现。笺纸正如一面镜子，折射出丰富的精神世界。而现在由于书写方式的改变，人们用手机、电脑，发微信、邮件、短信，已很少使用笺纸。但是书信、信笺被保留下来，成为文物，成为文化和历史的见证者。有时候也不必遗憾，与时俱进地想想，手机上个人设置的 QQ、微信聊天背景，发邮件时设计的背景，也可以说是笺纸的另一种物质转换形式。只是以电子的形式呈现，而不再是物质性的了，都反映了不同时代人们的审美追求。

笺纸具有很强的收藏性，其所蕴含的时代价值和文物价值以及审美价值，值得我们现代人去慢慢品味。本书立足于长年的学术研究和收藏积累，通过大量精美的笺纸图像资料，为大众读者提供一个可读、可赏、可品、可观的艺术世界。

浣花笺纸桃花色
——唐代"薛涛笺"

　　"浣花笺纸桃花色，好好题诗咏玉钩"是唐代诗人李商隐吟诵女诗人薛涛所做的"薛涛笺"。五代前蜀人韦庄在他的《浣花集·乞彩笺歌》中写道："浣花溪上如花客，绿暗红藏人不识。留得溪头瑟瑟波，泼成纸上猩猩色。"宋人苏易简在《文房四谱》云："元和之初，薛涛尚斯色，而好制小诗，惜其幅大，不欲长胜之，乃命匠人狭小为之。蜀中才子既以为便，后减诸笺亦如是，特名曰'薛涛笺'。"①又说："府城（成都）之南五里有百花潭，直流为二皆有桥焉。其一玉溪，其一薛涛，以纸为业者家其旁……浣花潭水造纸故佳，其亦水之宜也。"从这些记载中可以得知"薛涛笺"的形制是红色小幅诗笺，制作于成都郊外浣花溪的百花潭。

---

① 唐代李匡文《资暇集》云："松花笺其来旧矣。元和初，薛涛尚斯色，而好制小诗，惜其幅大，不欲长，乃命匠人狭小之。蜀中才子既以为便，后裁诸笺亦如是，特名曰'薛涛笺'。今蜀纸有小样者皆是也，非独松花一色。"

而女诗人薛涛曾用自己发明的红色笺纸写诗，并与唐代当时非常著名的文人元稹、白居易、刘禹锡进行诗歌唱和，因而在文坛享有盛誉。成都百花潭旁至今还保留一口古井，传说是薛涛取水的地方，命名为"薛涛井"。

一、薛涛其人

讲讲美丽的女诗人薛涛的故事。薛涛，字洪度，生于中唐大历五年（770），本是唐代都城长安人。后随其父亲薛郧，宦游成都，并寓居此处。父亲学识渊博，将唯一的女儿薛涛视为掌上明珠，教其诗文歌赋。薛涛8岁就知音律。一次薛勋在庭院梧桐树下休息，有所悟吟咏《井梧吟》道："庭除一古桐，耸干入云中。"

四川成都浣笺亭　刘振宇摄影

薛涛继其父吟道："枝迎南北鸟，叶送往来风。"薛涛自小性情敏慧，思想开放，善于词辩，以诗闻名。不幸的是父亲去世很早，孤儿寡母苟活于世。贞元元年（785）韦皋镇蜀，召令薛涛入府侍酒赋诗，因入乐籍。这时薛涛刚刚及笄一年，正值16岁芳华，容貌、才华都颇得韦皋的赏识，从此薛涛出入幕府。时年南越进献给韦皋一只孔雀，韦皋依照薛涛之意，在府宅中特开池设笼使孔雀得到很好的栖息。大和五年（831）秋，孔雀死。次年夏天，薛涛亦卒。在唐代诗人白居易、韩愈、李德裕、刘禹锡的诗词中常提到的"韦令孔雀"就是指的这段史话。

　　蜀地为边关大镇，韦皋镇守期间，政绩卓著，边功尤甚，曾经破吐蕃于清溪关外。川蜀之地想要晋升的官员会以贿赂薛涛为先，薛涛不顾嫌隙全盘接收，所得金额又全部上交韦皋。韦皋得知后非常生气，在贞元五年（789）把薛涛发配到松州（今四川松潘）。松州地处边缘，人烟稀少，生活窘迫的薛涛则写下了催人泪下的《十离诗》等十四首寄献给韦皋。韦皋看后不禁动容，马上释放薛涛并送回成都。返都后的薛涛即脱乐籍，并退隐于成都西郊浣花溪畔的锦浦里，常种琵琶花满门，时年20岁。韦皋镇守蜀地共21年，幕府人才济济，著名将相多出门下，薛涛得以和这些人诗歌唱和，故而声誉益隆。韦皋去世后，又有继任节度使镇守蜀地，历任的政绩得失，薛涛都亲见亲知。故后任镇蜀之人想要知道前人治理蜀地的故事，都向薛涛咨询，因而备受重视，得到很高的礼遇。元和二年（807），武元衡镇蜀，他非常重视薛涛之才，奏名圣上想封薛涛为校书郎，但出于种种原因，奏而未封，时人便开始称薛涛为"女校书"。诗人王建还曾作诗《寄蜀中薛涛校书》："万里桥边女校书，琵琶花里闭门居。"

薛涛经历了11个四川节度使，现存薛涛与韦皋、高崇文、武元衡、王播、段文昌、李德裕有诗歌唱和。著名诗人王建、元稹、白居易、刘禹锡、杜牧亦有唱和。薛涛作诗50多年，留下的诗大约500首，并刻为《锦江集》。随着时间和历史原因，今人可见诗仅存91首。从诗中可知薛涛一生并未离开过川蜀，除成都附近外，还到过松潘、荣县、简阳、西岩、乐山、重庆、巫山等地。

其晚年迁居成都西北隅之碧鸡坊，建吟诗楼，栖息其上。大和六年（832）夏天，薛涛去世，享年63岁。时任四川节度使的李德裕有悼念诗《伤孔雀及薛涛》，苏州刺史刘禹锡作《和西川李尚书〈伤孔雀及薛涛〉之诗》。833年，薛涛去世一年后，段文昌为薛涛撰写墓志铭。薛涛墓今在成都东郊锦江南岸，现已划入四川大学校园内。

二、薛涛与元稹的爱情

薛涛与诗人元稹的爱情故事另有一段佳话。元和四年（809）三月，元稹赴任东川监察御史，对薛涛钦慕已久。元稹的友人为时任河东节度使司的空严绶，他了解元稹的心意后，特遣薛涛前往四川梓州晤面元稹。薛涛当下作《四友赞》，赞砚、笔、墨、纸云："磨润色先生之腹，濡藏锋都尉之头。引书媒而黯黯，入文宙以休休。"使元稹震惊之余佩服其才。薛涛也很属意于元稹，留在东川数月，与元稹诗歌唱和。时年薛涛40岁，元稹30岁。可是幸福非常短暂，这一年元稹因弹劾东川节度使，锋芒太露，触犯权贵，被贬移务洛阳。次年二月，元稹途经华州与宦官争抢住宿驿馆上厅，唐宪宗便以"元稹轻树威，失宪臣体"为由，贬元稹为江陵府士曹参军。一贬再贬的元稹，不得不远离川蜀之地。810年，薛涛创制了深红小笺。同年因倍感思念作《赠远二首》诗，诗云：

芙蓉新落蜀山秋，锦字开缄到是愁。
闺阁不知戎马事，月高还上望夫楼。

扰弱新蒲叶又齐，春深花落塞前溪。
知君未转秦关骑，月照千门掩袖啼。

第一首第一句讲元稹看到此诗应在荷花始凋谢的夏末秋初之时。"锦字开缄"引用了前秦苏蕙娘的故事，把回文诗《璇玑图》织于锦缎上，寄赠丈夫甘肃刺史窦滔。这时元稹的妻子韦业刚刚去世，元稹也还未到江陵纳安仙嫔为妾室，所以薛涛在此时以夫妇自况，寄托对元稹的思念是非常合理的。最后两句则写出了对元稹被贬江陵参军的爱莫能助，情谊难舍。第二首诗则描写了菖蒲繁茂之景，当是写于春末夏初之际。"掩袖啼"更是衬托悲思的色彩。

此后数年元稹远离川蜀，又纳新欢，和薛涛的诗文来往也未见一二。

长庆元年（821）元稹入翰林院后，二人才又有诗歌唱和的诗文留存。这时已到暮年的薛涛寄赠自己创制的深红小笺，元稹在笺上题《寄赠薛涛》：

> 锦江滑腻蛾眉秀，幻出文君与薛涛。
>
> 言语巧偷鹦鹉舌，文章分得凤凰毛。
>
> 纷纷辞客多停笔，个个公卿欲梦刀。
>
> 别后相思隔烟水，菖蒲花发五云高。

这里提到了薛涛心爱的菖蒲花，表达了分别10余年后的思念之情，以及对薛涛虽为女儿身却心比男儿烈的志气。

薛涛看信后又寄诗《寄旧诗与元微之》，云：

> 诗篇调态人皆有，细腻风光我独知。
>
> 月下咏花怜暗澹，雨朝题柳为欹垂。
>
> 长教碧玉藏深处，总向红笺写自随。
>
> 老大不能收拾得，与君开似教男儿。

薛涛一生爱慕者众多，却终生未嫁，或许是一直在等待元稹给她一个答复。清代文学家樊增祥也曾对薛涛有"孤鸾一世"之叹。

三、薛涛笺的制作

薛涛青年到中年，大部分时间都居于成都西郊的浣花溪锦浦里。她生性偏爱红色，其诗有云"前溪独立后溪行，鹭识朱衣自不惊"，讲其喜穿红色。浣花溪居民多从事造纸业，薛涛和元稹分别后，返回浣花溪，觉得以前写诗的纸过大又长，于是命工匠创制深红色的小笺纸，裁书供吟，献酬贤杰。诗人将此笺称"薛涛笺"，风行千载。

薛涛笺特点有三个：一是染色；二是实用；三是节约成本。染色笺纸其实很早就出现。据记载，晋诏书多用青色纸，王羲之用过紫色纸，可知最迟至六朝染色纸已行于世。红色笺纸自南朝梁简文帝时，迄于中唐，尚有行者。薛涛青年时代作的《十离诗笔离手》："越管宣毫始称情，红笺纸上撒花琼。"诗人范元凯亦有："蜀地红笺为弟贫。"鲍溶云："蜀川笺纸彩云初。"可见当时蜀地的红色笺纸就名贵成都。唐代诗人崔道融"薛家凡纸漫深红"之句，可见薛涛笺的风靡一时。北宋翰林学士钱易《南部新书》云："薛涛好制小诗，惜其幅大，不欲长胜，乃狭小之。蜀中才子既以为便，后减诸笺亦如是，特名曰：薛涛笺。"故薛涛笺实深红色小笺一种。清代《太平寰宇记》记载"薛涛十色笺，短而狭，才容八行"，正适合写诗之实用。在节约成本上，费著《笺纸谱》里讲："锦江水濯锦益鲜明，故谓之锦江。以浣花潭水造纸故佳，其亦水之宜矣。江旁系臼为碓，上下相接，凡造纸之物，必杵之使烂，涤之使，然后随其广狭长短之制以造，研研

清　上海戏鸿堂制　薛涛笺

则为布纹，为绫绮，为人物花木，为虫鸟，为鼎彝，虽多变，亦因时之宜。"可见就地取材的重要性。

除了红色的"薛涛笺"外，历史上还有称"松花笺"。晚唐李匡乂在《薛陶笺》中讲："松花笺，代以为薛陶笺，误也。松花笺其来旧矣。元和初，薛陶尚斯色，而好制小诗，惜其幅大。"这里讲薛涛笺为松花色是有误的。松花应为嫩绿色。明人屠隆《考槃余事》载有"造松花笺法"，提到用槐花、银母粉、明矾，煎汁拖纸，即所谓松花笺矣。然则松花乃造纸配方，非为染色也。

薛涛笺在中国制笺发展史上，占有极其重要的地位。红色本就是中国人喜欢的颜色，因而历代多有仿制薛涛笺者。五代十国时的前蜀皇帝王衍，曾以"霞光笺"赏赐臣下，后人以为此笺即为薛涛笺一类。宋代范成大也颇爱重这种红笺，宋人以胭脂染色，虽然靡丽，却难持久，经过梅雨季节，便"色败萎黄"使范成大引为恨事。明代科学家宋应星的《天工开物》重点介绍了"薛涛笺"的制作方法："四川薛涛笺，亦芙蓉皮为料煮縻，入芙蓉花末汁，或当时薛涛所指，遂留名至今，其美在色。"这里是讲用芙蓉皮为原料煮烂，加入芙蓉花粉汁制笺，重其色泽之美。但是唐代薛涛是否就是这样制笺，也未为可知。由于时间久远，早期薛涛笺都没有留存下来，我们只能从清代保存下来的"薛涛笺"来一窥其风貌。上海图书馆藏有三种薛涛笺，均为清代大臣潘世恩的家书手札，颜色以橙色和红色、蓝色三色为底色。其上印有牡丹、桃花、楼阁听雨图，都有"薛涛笺"三字。另有一张为尺木堂仿薛涛笺，为晚清洋务运动先驱丁日昌致莫友芝的手札，丝栏六行单边，栏外四周以桃花装饰，左下角有题款："浣花笺纸桃花色，尺木堂仿薛涛笺。"创建于 1900 年的上海朵云轩，早期的经营品目中即有薛涛笺；建于清康熙十一年（1672）的北京松竹斋（1894年更名为荣宝斋）也曾再次制作薛涛笺。晚清民国士宝斋也曾制作薛涛笺，有锦盒题签为"北京士宝斋制薛涛笺燕生署"，内为丝栏八行红色笺纸。20 世纪 20 年代清秘阁也造帘纹八行薛涛笺，别具特色。先用桃红色染纸，再以薛涛色印花，背景为竹帘，形成八行界栏，一枝娇俏的牡丹贴于帘上。民国著名画家张大千还

清　潘世恩手札　薛涛笺　上海图书馆藏

晚清　士宝斋制　薛涛笺　　　　晚清　士宝斋制　薛涛笺

20世纪20年代　清秘阁制　帘纹八行薛涛笺

曾作《薛涛制笺图》以示对薛涛的怀念。薛涛之名享誉海内外，
张蓬舟著《薛涛诗笺》记载美国女画家、诗人苏珊·奥尔森钦慕
薛涛的诗名与制笺，曾在1983年身着中国古代装束，模仿薛涛，
在溪水边亲手染制红色小笺，被称为"当代的美国薛涛"。由此
可见，薛涛笺一直备受推崇，时至今日在市场一直是被追捧的对
象。

滑如春冰密如茧
——李公麟《五马图》与澄心堂纸

2019 年 1 月，日本京都国立博物馆"颜真卿：超越王羲之的名笔"特展隆重开幕。这次，消失了近百年的北宋李公麟《五马图》首次现身在展厅。多年来我国仅存故宫博物院所藏《五马图》的黑白珂罗版画，真容一直未目睹，这次《五马图》的现身才发现这件作品不光是白描作品，还有浅设色。《五马图》为李公麟的传世佳作之一，纵 29.3 厘米，横 225 厘米，无名款，以白描手法绘制了北宋元祐初年西域边地进献给皇帝的五匹矫健的骏马，各由一名奚官（官名，职司养马）牵引。

李公麟，何许人也？他字伯时，号龙眠居士，舒州（今安徽潜山）人。好古博学，长于诗，喜藏钟鼎古器及书画。宋神宗熙宁年间中进士，曾先后任中书门下省删定官、御史检法和朝奉郎等。居京师十年，不游权贵之门，以访名园荫林为乐。其天赋极高，又博学勤业，书法飘逸具晋人风韵，擅画人物、山水，尤精画鞍马。元符三年（1100）因病辞退，归老龙眠山。传世作品有

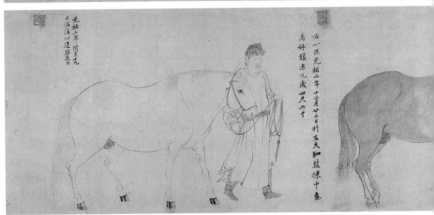

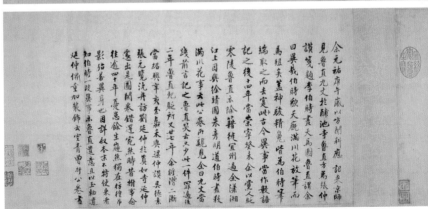

杜陵題畫馬不一亟類
取義死傳辭當時山
技誰絕勝陳闉曹霸
臻神奇幹雖畫肉不
畫骨天閑萬驪皆能
師後未縱者何參弃
沛艾天英之鳳頭寺
末于灞國董穆錦膊
圖迥亦見五馬椎壽
三百年始得伯時橫
其後一馬失題識者
顒相隨天驂家發好
頡赤照夜白做唐名為
殊相星瞳輝藝成放
筆一馬祖太僕惆悵
何爭著我聞元祐多
正士拔茅雲路驂驒
驪伯時軒晃有弗弃
喜畫畫寫能累斯清
流俗禍自取姓名未

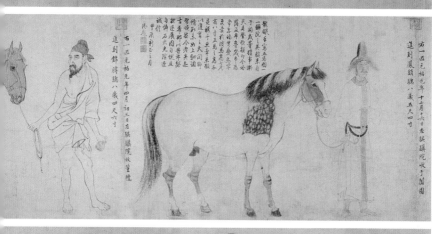

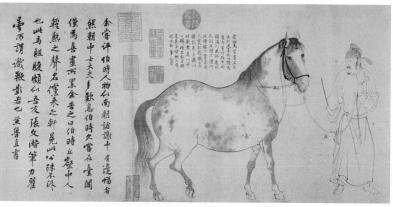

宋　李公麟　《五馬圖》　29.3厘米×225厘米　日本东京国立博物馆藏

《五马图》《维摩居士像》《免胄图》等。《五马图》分五段，前四段均有北宋黄庭坚的笺记，谓马之年龄、进贡时间、马名、收于何厩等，并跋称为李伯时（公麟）所作。后纸有黄庭坚跋语，另有南宋初曾纡的跋。

此件《五马图》应为李公麟用澄心堂纸绘制而成的。据说李公麟只有在摹古时才用缣素，如用澄心堂纸，则多白描。比如宋代邓椿在《画继》中说李公麟："多以澄心堂纸为之，不用缣素，不施丹粉。"元代汤垕《画鉴》记载："伯时宋画人物第一，崇师吴生照映千古者也。画马师韩幹不为着色，独用澄心纸为之，惟临摹古画用绢素着色，笔法如行云流水有起倒，作天王佛像全法吴生。"明代郁逢庆在《续书画题跋记》中也记录李公麟画的《五马图》："三百年来，余生多幸，得获睹马画于澄心堂纸上，笔法简古，步骤曹韩，曾入思陵内帑，玺识精明，真神品也。近日摹数本于吴中，赏鉴家自能辨之。"此图曾入南宋高宗手中，郁逢庆说他在南宋周密的《云烟过眼录》中看到过这幅画的著录，《云烟过眼录》中确有记载，但是没有记录画在什么纸上。根据郁逢庆评论，这多半是李公麟的真迹。明人张丑在《清河书画舫》中记载："《苏文忠公三马图赞》，前有李伯时画三马，系澄心堂纸，真迹。"苏轼和李公麟合作书画之事，在元祐年间是非常常见的。他们两人都曾得到过南唐旧纸，李公麟在纸上画画，苏轼在笺纸上写图赞，都是有可能的。明屠隆《纸墨笔砚笺·纸笺》记："宋纸有澄心堂极佳，宋诸名公写字及李伯时画多用澄心堂纸。"此外明代祝允明在《怀星堂集》中详细记载了他所看到的李公麟在澄心堂纸上画的《史图记》："凡事八则，系李氏澄心纸，白描，人长不过今五寸，每纸不过三尺，通为丈夫三十六，女妇六，婴稚四，君臣夫妇僚佐宾友侍从之异品，喜怒悲壮谈笑奉事之异情，忧勤忠节才略放逸委附之异务，人能识之。伯时父又自疏节史文，手钞每册之后，览者了然矣。"这里说的"史图"，是李公麟从古代史书中摘编了八则故事，并将其画了下来，一共是36位男子，6位女性，4个婴儿，目的是"鉴古之为世劝惩"。可以看到"史图"中人物高不过15厘米，那么纵向纸不会很高。另外每张纸不过三尺，也就是1米左右宽。可见此幅画作为多张澄心堂纸拼接而成，《五马图》也应该是多张澄心堂纸拼接的。而到了清代，书画鉴赏家卞永誉所写《式古堂书画汇考》记载明代大收藏家项元汴的跋："此卷已载云烟过眼录三百年来，余生多幸，得获习焉。画于澄心堂纸上，笔法简古，步骤曹韩，曾入思陵内帑，玺识精明，真神品也。近日摹数本于吴中，自能辨之，子京。"项元汴的跋不知为何并没有出现在乾隆年间的《石渠宝笈续编》。但是《石渠宝笈续编》记载五马图用纸只说是素笺本，没有说是澄心堂纸。此外清代吴升《大观录》也说李公麟《五马图》用了澄心堂纸，还提到人物的帽子皱褶上略微用了点颜色染，所以也不是全无颜色的。

我们暂且认为日本展览的这件《五马图》为澄心堂纸所作，澄心堂纸其实在历史上一直享誉盛名。澄心堂纸是南唐后主李煜亲自督造而成的杰作。"澄心"出典于《淮南子·泰族训》"学者必须澄心清意，才能明天人之分"一句。澄心堂乃南唐皇宫的一座便殿，原是先主李昪的堂号。后主李煜即位后，爱其环境幽静，常在此吟诗、填词，后来成了他的书房和画堂。李煜一直对诗书画都有着自己的要求，在造纸方面也精益求精。《五代诗话》卷十《澄心堂纸》中讲到澄心堂纸的制法："寒溪浸楮春夜月，敲冰举匀割脂。焙干坚滑若铺玉，一幅百金曾不疑。"柔韧细腻、光滑吸墨的纸中珍品——澄心堂纸研制成功后，李煜即兴以堂名纸，曰之"澄心堂纸"，并钦定为宫廷书画用纸，在纸上打上"澄心堂"三个字的印记，于宫内专设库房贮存。而澄心堂纸产量不高，价值不菲，只专供皇室使用，普通人很难见到。正如梅尧臣诗所云"李主用以藏秘府，外人取次不得窥"，更使澄心堂纸笼罩着一层神秘的色彩。南唐著名画家徐熙曾用澄心堂纸作画。画家董源善山水，小工人物，创作《庐山图》《夏山林木图》和《溪山风雨图》等作品时，用的就是澄心堂纸，乃董源深受李后主的宠爱，经常出入皇宫，才有机会得到赐赠的缘故。

但是南唐灭亡后，一度名重一时的澄心堂纸，却开始失势。宋代统治者对其不够重视，导致大量纸张通过各种渠道散落民间。当文人墨客见到了钦慕已久的澄心堂纸时，激动的心情无以言表。他们或礼赞题咏，或当作重礼馈赠挚友亲朋，致使澄心堂纸声名重振。梅尧臣是澄心堂纸酬赠活动中所获最丰的一位。据梅尧臣《韩玉汝遗澄心纸两轴，初得此物欧阳永叔，又得于宋次道，又得于君伯氏子华，今则四矣》诗题可知，至少在此诗写作的庆历七年（1047），梅尧臣也已获得了四次馈赠。分别为：第一次康定元年（1040）欧阳修所赠、第二次庆历六年（1046）北宋大臣宋敏求赠送、第三次君伯氏子华所赠、第四次为庆历七年（1047）韩玉汝赠送。其实最早先是北宋御史大臣刘原父先得到宋仁宗的恩准赏给澄心堂纸100幅后，喜不自禁，始为礼赞："六朝文物江南多，江南君臣玉树歌。臂笺弄翰春风里，凿冰析玉作宫纸。当时百金售一幅，澄心堂中千万轴。后人闻名宁复得，就令得之当不识。"而后刘原父送给欧阳修10幅，欧阳修亦写诗《和刘原父澄心堂纸》附和："君不见曼卿子美真奇才，久矣零落埋黄埃……君家虽有澄心纸，有敢下笔知谁哉。"欧阳修觉得此纸非常珍贵，又从其中拿出两幅馈赠给梅尧臣。梅尧臣见到闻名已久的澄心堂纸时，按捺不住心中的喜悦心情，欣然赋诗《永叔寄澄心堂纸二幅》："昨朝人自东郡来，古纸两轴缄藤开。滑如春冰密如茧，把玩惊喜心徘徊……江南李氏有国日，百金不许市一枚。澄心堂中唯此物，静几铺写无尘埃。""滑如春冰密如茧"之句被后世认为是对澄心堂纸最为准确传神的描写，一直沿用至今。第二次为宋敏求赠梅尧臣澄心堂纸百幅。宋敏求（1019—1079），字次道，赵州平棘（今河北赵县）人。他官居要职，不但朝廷发布的文告往往由他起草，而且了解一些中央机构及其制度的源流。当时，中央最高军事机关枢密院对外发布其所奉皇帝谕旨，他也比较熟悉，故能有机会进入内府。宋敏求通过高层得到了不少澄心堂纸。他又送给梅尧臣100张，梅尧臣惊喜若狂，作诗《答宋学士次道寄澄心堂纸百幅》记述了此事。这首诗除了与上首相似的内容外，着重描述了澄心堂纸制作的不易："寒溪浸楮春夜月，敲冰举匀割脂。焙干坚滑若铺玉，一幅百金曾不疑。"

其中"寒溪浸楮"是讲所用的原料和备料方法，即在冬季寒溪水中浸泡楮皮；"春夜月"则是说明在夜晚月光下舂捣浆料，人工打浆何其劳累；"敲冰举帘"是说明要用低温、清洁的水质和捞纸的工具为竹帘；"焙干坚滑若铺玉"是指湿纸被刷在火墙干燥，以及成纸的质量与白度都很好。第三次赠纸的君伯氏子华当为韩绛，唯此次馈赠并无诗文留传。据题中自述受赠顺序，时间应在1046年至1047年。第四次受赠源自韩缜，此次梅尧臣正如答谢诗中所言，"三得澄心纸，吾尝再有诗。粗能条本末，不复语兴衰。堪入右军迹，惭无幼妇辞。君家兄弟意，将此比乌丝"。言简意赅地感谢了韩氏兄弟的深情厚谊。

至和二年（1055），梅尧臣将澄心古纸传于时任歙州地方官的潘夙。潘夙进行仿制，这种澄心堂纸被后世称为宋仿澄心堂纸。潘夙将仿纸300幅回赠梅尧臣，于是便有了梅尧臣所作《潘歙州寄纸三百番石砚一枚》："永叔新诗笑原父，不将澄心纸寄予。澄心纸出新安郡，腊月敲冰滑有余。潘侯不独能致纸，罗纹细砚镌龙尾。墨花磨碧涵鼠须，玉方舞盘蛇与虺。其纸如彼砚如此，穷儒有之应瞰鬼。"以及《九月六日登舟再和潘歙州纸砚》："文房四宝出二郡，迩来赏爱君与予。予传澄心古纸样，君使制之精意余。自兹重咏南堂纸，将今世人知首尾。又得水底碧玉腴，溪匠畏持如抱虺。拜贶双珍不可辞，年衰只怕歔欷鬼。"这两首诗。梅氏的仿制，说明他具有传扬古物的自觉意识，也证明了古纸备受钟爱的程度，体现出宋人对恢复古物的热情。

得到这些珍贵的澄心堂纸以后，梅尧臣一直不舍得使用。这是为何呢？在答谢欧阳修的诗中，他说"心烦收拾乏匮楗，日畏扯裂防婴孩。不忍挥毫徒有思，依依还起子山哀"。既缺乏适合的书箱藏此纸，又整日担心孩子将其破坏，又不忍用来书写。当宋敏求赠纸时，梅尧臣又言："我不善书心每愧，君又何此百幅遗。重增吾赧不敢拒，且置缣箱何所为。"甚至在欧阳修赠纸15年后，梅尧臣在《依韵和永叔澄心堂纸答刘原甫》中仍言："往年公赠两大轴，于今爱惜不辄开。"这种珍藏多年爱惜不用之举，不仅源于物品本身的珍贵，也出于对友情的眷念。而澄心堂纸既不用以写字作画，便失去了其作为文具的实用意义，同时拥有了另一层作为礼物的功用，以供酬赠、收藏、欣赏，并成为情谊的寄寓。

梅尧臣虽没有怎么使用过澄心堂纸，但宋代的其他文人墨客大多使用过。如欧阳修起草的《新唐书》，以及宋代拓印的《淳化阁帖》等，均采用了澄心堂纸而作。还有上海博物馆的镇馆国宝之一宋徽宗名作《柳鸦芦雁图》，其纸质莹洁如砾，墨光如漆。清初著名鉴赏家孙承泽在《庚子销夏记》分析其所用是李廷珪墨和澄心堂纸。此画共分两部分，前段画一株柳树和数只白头鸦，停在枝上的白头鸦或靠根偎依，静观自得，或喃喃相语。后半段画一临湖坡面，上有芦竹数竿，三雁傍水而饮，湖中有蓼花一丛，一雁正昂首啮其近处枝茎。整幅作品有徐熙野逸之风格，以稳健刻实的笔墨画出，既真实具象而又古拙高雅。正如收藏家邓椿之子邓易从的题跋所说："笔法浑然天成，脱去凡格。浓淡运墨，约略如生。幽静清绝，不可模状。得江南落墨之意韵。"

此外还有藏于台北故宫博物院蔡襄的《澄心堂纸帖》。帖上

写道："澄心堂纸一幅。阔狭厚薄坚实皆类此乃佳。工者不愿为。
又恐不能为之。试与厚直莫得之。见其楮细似可作也。便人只求
百幅。癸卯重阳日。襄书。"此帖写明蔡襄除了夸赞澄心堂纸质
尤佳，更愿意花重金寻访澄心堂纸，或是仿制此纸。而很有可能，
此帖就是用旧的南唐故物所书，因为他要以这张纸做样品，请收
信人依样仿制。"试与厚直（值），莫得之"一句的意思，就是
他几乎不信只要肯出大价钱，绝没有不能办到的事。此帖向后世
提供的不容置疑的澄心堂纸样本，其文物价值自不待言。蔡襄拥
有的澄心堂纸，或许也是像刘敞、欧阳修这些老友所赠。信札款
署"癸卯"（1063）年款，蔡襄时年52岁，正是他晚年崇尚端
重书风的代表之作。蔡襄曾在他的《文房四说》（卷三、四）中
说："纸，澄心堂有存者，殊绝品也。"又云："纸，李主澄心
堂为第一，其物出江南池、歙二郡，今世不复作精品。"宋代仿
制的时间，似乎还要早一些，诚如苏易简在《文房四谱·纸谱》
云："黟县多良纸，亦有凝霜、澄心之号。"宋元两代，除了南

宋徽宗　《柳鸦芦雁图》　34厘米×223.2厘米　上海博物馆藏

唐澄心堂纸的原产地池州、歙州一带仿冒，四川也多有仿制。元代《蜀笺谱》云："澄心堂纸，取李氏澄心堂样制也，盖光表之所清脆而精绝者。中等则名曰玉水纸，最下者曰冷金笺，以供泛使。"尽管冒了官纸名号，但这时的仿制质量都显然下降了。

澄心堂纸在清初仍有流传，会稽金埴《巾箱说》载："予家有世传李后主澄心堂纸一番（内有经纬），乃曾王父太常府君所珍，世父子弢（讳炯）公藏之数十年，从不以示人，予未一见也。弟墨香（堂）携之至长安，诸名公卿索观者日日履满。陈太守奕禧（香泉）不惜百日之功，手书册子十帧，与予弟易之去，而题诗于一帧之后云：'南唐澄心纸，一番值百金。当时欧与梅，品题赫艺林。更有黄白麻，用之宣玉音。桑根兼布头，古制不易寻。子族浙东旧，遗縢储凤购。面腴滑泽颜，中含经纬皱。落墨心手融，腻欲贴肌肉。我以书易之，行狎劳爬梳。若赏幽深际，应求古雅余。追慕获机难，祛箧呈琼琚。曾闻一鹭字，满价五十万。兴到昌村，群鹅即酬愿。倘得家法传，脱手复何恨。'墨香素工

北宋 《澄心堂纸帖》 蔡襄 24.7厘米×27.1厘米 台北故宫博物院藏

书，虽轻弃先人法物，而从此尽得香泉衣钵。"这里提到的陈奕禧（1648—1709），为清初著名书法家，受康熙帝赏识入值南书房，其书体被奉为"香泉体"。金氏携澄心堂纸至长安，"诸名公卿索观者日日履满"，陈奕禧集百日之功写手书册子，才能交换到澄心堂纸，也是与金家有同乡之谊的缘故。

　　到了清代乾隆年间，澄心堂纸几近绝迹，内府曾仿造这一名纸，以供御上。徐康在《前尘梦影录》中载："咸丰三年夏，于茶肆见一人携一长匣，至启之，只素纸一幅，长八尺，阔五尺余，洁而甚薄，坚韧异于常纸。纸角有'仿澄心堂制'五字，不识年代，殆贡余之纸耶。标有蓝绿小粉笺方尺余，上有描金山水及花草，极工。角上印'乾隆年仿澄心堂造'，小隶书朱记，素纸当亦同时所造。"仿制的澄心堂纸为斗方，质地厚实，可分层揭开，多为彩色粉笺，并绘以泥金山水、花鸟等图案。该纸的底料为桑皮纸，经过一系列加工，包括加色、加粉、加图、加金等工序而成。但是后世仿品已经离南唐故纸越走越远矣，我们只能从宋代所流传的珍贵书画作品窥得其一二。

暗花疏影清可掬
——宋代砑花笺

随着制纸业的不断进步，宋代加工纸张已经发展出了上浆、施胶、砑光、填粉、染色、加蜡等方法。这些繁杂的工序都可以使书写时更顺畅，并避免过度的晕染，满足文人对纸张的功能性需求。此外，我们知道宋代审美已经达到了相当的高度。这一时期，不论是瓷器、服饰，还是书画、诗词，均追求一种质朴、清雅、理性之风。我们在观赏宋代书画作品时，往往只关注了绘画和书法本身，而对于其物质性的承载纸张关注度不高。随着科技进步以及展览的不断推介，我们欣喜地发现宋代有一批在书中记载却鲜有实物的笺纸纷纷出现在世人眼前。这些砑花笺具有较高的加工工艺，以及审美特性。而又由于文人参与砑花的加工制作，使其更具文化意味和神秘特点。

一、砑花笺的工艺

关于砑花笺的制作工艺在古代书籍中多有记载。宋代陶榖《清异录》中讲："姚颛子侄善造五色笺，光紧精华。砑纸板乃沉香，刻山水、林木、折枝花果、狮凤、虫鱼、八仙、钟鼎文，幅幅不同，文绣奇细，号砑光小本。余尝询及诀，颛侄云：'妙处与作墨同，用胶有功拙耳。'"这里提到的砑花之法，是先在木板上雕刻出阴线图案，覆以薄而韧的彩色笺纸，然后以木棍或石蜡在纸背面磨砑，使纸上产生出凹凸的花纹来。砑纸板用沉香木，取其坚硬，不易变形。砑印的方向可以从正面，也可以从背面。但目前所见宋代砑花笺，仅有极少数可以见到从正面压印的下陷花纹，大部分都未见到压印痕迹，无法排除将雕版置于背后砑出的可能。我们现在见到的书画信札，多是经过后人装裱后收藏呈现的，已不是作品原来的模样，因而原来印压产生的清晰锐利边缘，很容易因装裱的喷湿、刷平或敲实的动作而恢复成平整状态。现存宋代砑花纸上的纹路图案几乎都有程度不一的拒墨状况，可以推测花纹上若非涂有特殊物质，就是质地上有所不同，目的显然是为突出所砑印的纹路。但是这些纹路又是非常不明显，需要通过变换不同光线角度去看，或是通过高位数码摄像去拍摄。正是这种隐秘的花纹体现了宋代一种不同流俗的低调高雅的品位，符合宋代典雅高贵的文化风尚和审美趣味。这种方法也实为明清时期木版水印出现拱花技艺的先声。

砑花和拱花有什么区别呢？砑花又可分为明花纹和暗花纹，

明花纹的制法比较简单，可以运用雕版或色线（用墨或色）印出各种色彩的花纹；暗花纹的加工比较复杂，是将木板刻成凸凹相反的图案，再把原纸夹入两个刻版之间，用力碾压，使纸面隐现暗纹。举纸迎阳光照看，便见到清晰的花纹，目的在于增添纸的内在美感。不论印制方式，或者出现的图案有何不同，或者把加工明花、暗纹两者合在一起，所得到的成品，它们都可以称为砑花笺。还有一种总是与砑花混淆的加工方法叫拱花，明清时期大量出现拱花运用在笺纸和笺谱的印制中。拱花即绘刻凸版，上压纸张，纸画拱起，凸现隐性图形、无色花纹。拱花是套版印刷术之一，是明朝后期才发明的，它比砑花技术晚了几百年。不过，因为上述两法都不用墨，都是通过外部的机械作用——碾压方式所制得的纸，只是所获得的效果不同。拱花凸出纸面，图案类似浮雕；目前所看到的砑花后图案都是凹于纸面，凹痕下陷。它们均有白色、彩色两种加工成品。

北宋大臣苏易简（957—995）在《文房四谱·纸谱》中说："蜀人造十色笺，凡十幅为一榻。每幅之尾，必以竹夹夹（之），和十色水逐榻以染。当染之际，弃置捶埋，堆盈左右，不胜其委顿。逮干，则光彩相宜，不可名也。然逐幅于方版之上砑之，则隐起花木麟鸾，千状万态。又以细布，先以面浆胶，令劲挺，隐出其文者，谓之'鱼子笺'，又谓'罗笺'，今剡溪亦有焉。"这里是讲蜀地人如何制砑花笺。再据南宋袁说友（1163—1199）《蜀笺谱》曰："凡造纸之物，必杵之使烂，涤之使洁。然后随其广狭长短之制以造，砑则为布纹，为绮绫，为人物花木，为虫鸟鼎彝，虽多变，亦因时之宜。"除了蜀地，苏州一带的研花技术也是闻名四方。南宋苏州人范成大所编《吴郡志》："彩笺，吴中所造。名闻四方。以诸色粉和胶刷纸，隐以罗纹，然后研花。唐皮陆有《唱和鱼笺诗》云：'向日乍惊新茧色，临风时辨白萍文。'注：'鱼子曰白萍。'此岂用鱼子耶？今法不传，或者纸纹细如鱼子耳。今蜀中作粉笺，正用吴法，名吴笺。"其实文献上记载的研花可以追溯至五代，传世宝物以北宋为最早，但被公布的数量很少，导致以往人们认为宋人罕用研花笺纸，目前学界对古代研花笺纸的认识与研究主要以明清时期的作品为主。

二、文人笺事

宋代文人对于文房器物的使用变得非常关心，一方面与地位和身份的提升有关。此外，文房中之所以有雅物，更是因为这些器物的材、型、韵，恰当地表现文人超脱的心灵。真正的文人，追求一种闲适的心境，物之有无，不在拥有，而只在惜缘的体会和陪伴。诸如拂尘禅杖、笔墨纸砚、书画香茶诸般，满目琳琅，皆是文人闲情道心的寄物。古人繁复的文房器物，并非声色娱情，而是文人心中的名山胜景。再加上文人书家常会面临时运不济，管制和谪贬成为常态，在物质条件匮乏下，找寻合适的书写工具也变成生活中的要事。

1. 颜直之

苏州地区制笺高手大有人在，很多都是文人自己参与。如明朝洪武年间（1368—1398）的《苏州府志》记载："吴笺名闻天下，范志谓：'蜀中所造，正用吴法。'盖亲见之……近年有春膏笺、水玉笺，绝佳，鲀色尤奇。庆元间，郡人颜方叔好古清逸之士也，自号乐闲，玩艺翰墨，创造佳笺，其色有杏红、露桃红、天水碧，有表皆而裹者，砑成花竹、鳞羽、山林、人物，精妙如画。亦有用金缕五彩描成者。士大夫莫不珍贵也。"提到清逸之士颜方叔创造佳笺。

颜方叔（1137—1213），名直之，字方叔，号乐闲，吴郡（今江苏省苏州市）人，善画人物，工小篆，作《集古篆韵》，官至中散大夫。明代陈继儒（1558—1639）在《妮古录》中云："宋颜方叔尝制诸色笺。"颜直之不仅制造砑花笺，也擅长手绘花笺。从上述文字可看出，颜直之所制作的砑花笺至少有三大类色纸（杏红、桃红、青绿），12 个品种（每色有 4 幅画）。宋代著名的文人官僚楼钥从外甥卢祖皋处得到寄来的精美笺纸，写下了《卢甥申之自吴门寄颜乐闲画笺》。其中提到颜直之所做笺纸为吴门之最："年来吴门笺，色泽胜西蜀。春膏最宜书，叶叶莹栗玉。贤甥更好奇，惠我小画幅。开缄粲殷红，展玩光溢目。巧随砑光花，傅色湿丹绿。桃杏春共妍，兰桂秋始萧。赵昌工折枝，露华清可掬。妙手真似之，臧去不忍触。苟非欧虞辈，谁敢当简牍。又闻乐闲君，古篆颇绝俗。并求数纸书，寄我慰幽独。"诗中讲，这是红色的砑花笺纸，上面用刻有花卉纹的木版砑出图案，再在花卉图案上进行手绘，加以晕染。笺上图案应该是春秋两季并置的桃花、杏花、兰花、桂花四种。楼钥将北宋写生画家赵昌来比颜直之所制花笺，是极高的赞誉。

2. 米芾

除了擅绘画的颜直之，还有米芾、苏轼、黄庭坚都曾参与笺纸的制作。米芾曾提到如何处理一批越州竹纸："余尝硾越竹，光滑如金板，在油拳上。短截作轴。入笈翻覆，一日数十张，学书作诗寄薛绍彭、刘泾云：'越筠万杵如金板，安用杭油与池茧。高压巴郡乌丝栏，平欺泽国清华练。老无他物适心目，天使残年同笔砚。国图满室翰墨香，刘薛何时眼中见。'"北京故宫博物

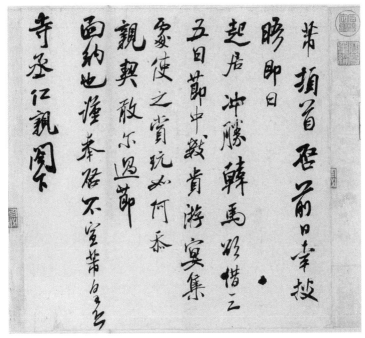

宋　《韩马帖》　米芾　33.3厘米×33.3厘米　北京故宫博物院藏

院藏有米芾的《韩马帖》，其上砑印有空中楼阁的图案，图案非常复杂，可见米芾挑选用心。此帖书写行云流水，风骨超逸，意态奇出。

3. 苏轼

宋代的传世砑花笺中，苏轼作品数量最多。苏轼不仅非常喜欢用砑花笺纸，还对其给予了很高的评价。苏轼的《书蒲永升画后》谈道："古今画水，多作平远细皴，其善者不过能为波头起伏，使人至以手扪之，谓有洼隆，以为至妙矣。然其品格，特与印版水纸争工拙于毫厘间耳。"苏轼这里本是以画水纹讲中国绘画理论的精髓，画画当以"形似"与"神似"完美结合。但我们还可从中看到，宋代画水者的竞争对象竟然是"印版水纸"，其对水波纹砑花笺的评述可以与绘画媲美。现存最早的水波纹砑花笺有故宫博物院所藏宋代李建中（945—1013）书《同年帖》，这是李建中写给"户部同年"的一封信，主要是托他照顾在东京汴梁的女婿刘仲谟与其次子李周士。此帖书法用笔苍老圆厚，形体紧结取敛势，圆转飘逸。后人评价："西台（指李建中）书去唐人未远，犹有唐人余风。"还有一件水波纹砑花笺代表作为上海博物馆藏沈辽（1032—1085）的《动止帖》，原是沈辽写与友人问病的短札。沈辽长于诗词，尤精书法。沈辽用笔意气高古，字里行间神韵俊逸，极见功力。此帖用水纹砑花笺，纸面洁白无瑕，字迹犹如浮幻流水之中，更显飘逸。而可考的苏轼本人所用的水波纹砑花笺是一件私人藏《昆阳城赋》，其中一张纸面布满清晰的水纹，还隐藏着楼阁。这种构图非常少见，是非常珍贵的

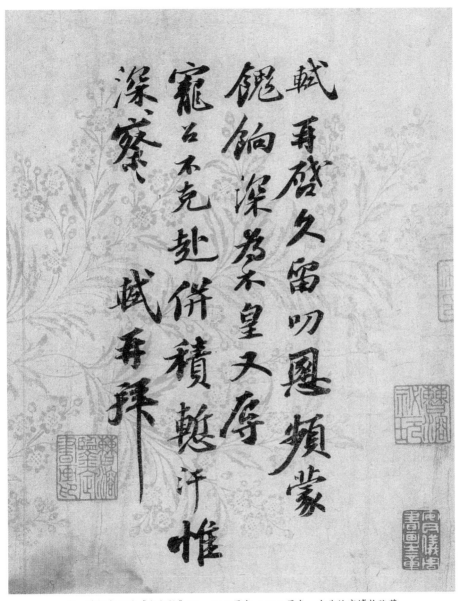

宋　苏轼书尺牍《久留帖》册　25.1厘米×23.1厘米　台北故宫博物院藏

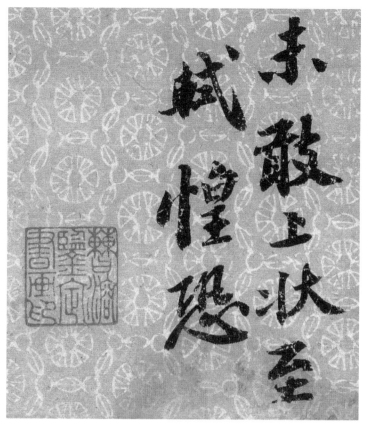

宋　苏轼书尺牍《屏事帖》（局部）　25.1厘米×23.1厘米
台北故宫博物院藏

制纸工艺实例。另有日本大阪市立美术馆藏苏轼于宋神宗元祐八

年（1093）58岁时书《李白仙诗》用的是芦雁纹的砑花笺纸。

　　台北故宫博物院还藏有5件苏轼所书砑花笺。如：《久留帖》

《屏事帖》《致长官董侯尺牍》《致运句太博尺牍》《致至孝廷

平郭君尺牍》。《久留帖》用笔苍劲，结字略扁，姿态横生。砑

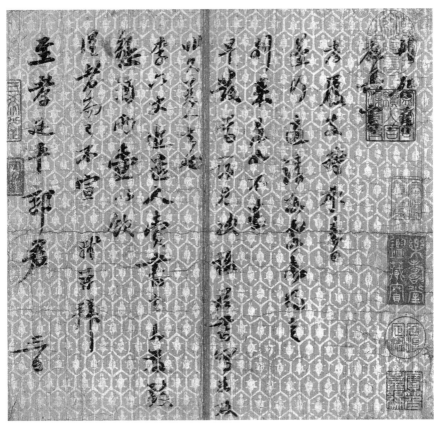

宋　苏轼　《致至孝廷平郭君尺牍》　26.5厘米×30.5厘米　台北故宫博物院藏

印罗纹花草，装饰意味明显。信中讲到苏轼受到对方的照顾，如今奉命离开，写信以表达感谢。选用了高级的罗纹纸。《屏事帖》写于苏轼第二次到常州，时间大约是元丰八年（1085），全纸砑以罗纹及几何纹样，颇似窗花效果，砑花处稍排墨。以上二帖被装裱在一起，内容上似乎都是旅居所书，书风上以及纸张制作工艺与审美也相同，可能为同一时期的作品。《致长官董侯尺牍》全纸布满牡丹卷草纹饰，其间穿梭两只凤鸟。这幅尺牍为元丰五年（1082）苏轼写给董钺。董钺，字毅夫，宋英宗治平二年（1065）进士，官至夔州（今重庆境内）转运使，为官清约自检。元丰五年三月末，被蔡卞诬参，遭到免职，携全家归海口，途中到黄州探望好友苏轼。因而苏轼在信中谈到他们刚刚见面"近者经由获见为幸"，患难见真情。在选用信纸上，苏轼也是颇为用心。《致运句太博尺牍》用笔劲秀，线条流畅，应写于熙宁四年（1071），所用纸张为折枝梅花罗纹笺。信中感谢运句太博所赠香合"极妙佳"。香合为盛放香料的容器，也会有香味，以梅香寓意香合之用也是极具心思的笺纸选用。苏轼还曾在邵圣二年（1095）被贬惠州时收到香合作为的生日礼物。《致至孝廷平郭君尺牍》是苏轼写给正在守丧期间郭廷平的。此书札布满六角形龟甲纹，龟甲纹中间还有一只小乌龟。这种纹饰在传入日本后颇为流行，如服饰、铁器、武具、家徽上等，中间的小乌龟后来被简化为小花。但是这种纹饰在中国书写纸上非常少见。苏轼用这种龟甲研花纹，是有一定深意。东汉就开始在墓志和棺椁上出现龟甲纹，以长寿著称的龟作为墓志的造型，以痛悼其短命祈求其永年。所以这封信札的纹饰本身就包含了丧葬的礼节。

4. 黄庭坚

黄庭坚许多关于文房器具的讨论也都保存于书信中。如在黄庭坚《审教帖》（1088 年左右）中曾有"欲为索儿录数十篇妙曲作乐，尚未就尔。所送纸太高，但可书大字，若欲小行书，须得矮纸乃佳"。可见此时书写纸已分大小，随用就幅已经成为信札与书卷用纸的共同特征。佳纸难得，尤晋唐故纸、小幅笺纸最为少见。

宋徽宗即位后，黄庭坚复职宣义郎监鄂州（湖北）盐税，崇宁二年（1103）因与人嫌隙，再贬至宜州。崇宁三年五月抵达宜州，崇宁四年九月卒于贬所，流寓宜州共17个月，其间六度搬迁。《山谷集·山谷简尺》中《与人简》记录了前往宜州的途中的一段遭遇："昨发武昌时，便为清赏至宜州之计，所以纸研墨极阙，大圭往取犹未来耳！有随行纸，昨在八桂已用竭，连州纸乃旋买来耳！"迁移途中不能多带文房物品，没有纸只能买连州大纸来应急，不知收信人是否满意。但是到了宜州时，他发现当地的纸张也不适宜书写。《与赵都监帖二》为黄庭坚写给友人融州督监高德修信，其中写道："此居处隔江即纸户家，每来问劳之，遂可使旋买百十张，积自可得五七百耳！亦差光紧如官中买者，盖于官纸中择差者见售也。"幸而隔江有一纸户，可以买到官中淘汰下来的纸札，也算光滑紧结。纸户还可以帮客人进行纸张的加工。"捶纸亦好，候令溪东纸工加意作。极厚极白简纸去，每捶了辄中分之，亦应乏也！"加工的技艺不错时，比较厚的白简纸一经锤捣便从中分开，正好解决纸张匮乏的问题。

在朋友的帮助下，黄庭坚在宜州的生活逐渐步上了正轨。崇宁四年（1105）正月五日，宜州太守党光嗣透过黄元明（黄庭坚七兄）正式拜会黄庭坚，儿子党涣也成为其学生；并为黄庭坚带来了很多的官宦子弟，使其身份地位提升，经济收入渐稳定，日

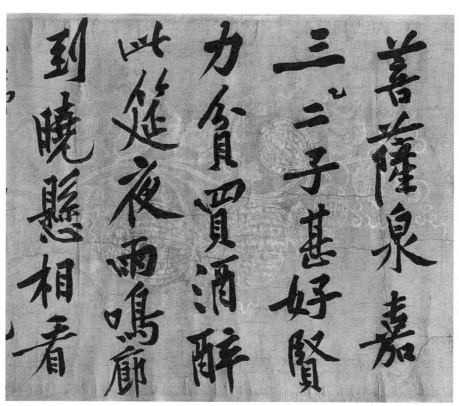

宋　《自书松风阁诗卷》　黄庭坚　32.8 厘米 × 29.2 厘米　台北故宫博物院藏

子才开始顺遂，也搬到新居南楼。随着生活的渐趋安稳，黄庭坚信中所提不再只是满足书写的基本需求，而是显露更多文人的闲情逸致。他给党涣的一封信写道："欲捣二十册子纸，不知郡中有大捣帛石否？"这里黄庭坚欲用捶捣丝织品的方法来对不满意的二十册进行捶捣。参考《遵生八笺》中提到的捶纸法就是将百余张纸放成一叠，先以重物压紧实，晾干之后要再叠置于石上以打纸槌捶千余下，再揭开晾至完全干，压叠一晚后再继续捶千余下，使纸张光洁如蜡笺。另一封写给党涣的信中又说："辱手笔，承侍奉吉庆为慰，枣极副所阙。芦雁笺版既就，殊胜，须寻得一水精或玉槌，乃易成文耳！"可见，水精与玉槌的作用就是为了让芦雁笺的纹路凸显出来。至于将芦雁花纹研到纸上的方式，应该就是直接将纸张放置于版上，在花纹处以光滑硬物研磨，轻易就可以凸出花纹并有研光的效果。

芦雁的图案在宋代颇为流行，绘画、瓷器、钱币、服饰上皆有。像宋徽宗赵佶画的《柳鸦芦雁图卷》、宋代崔白画的《烟汀晓雁》《雪芦双雁》都是这类题材。芦雁在古代有着很多吉祥的寓意，比如"一甲一名"。雁善鸣，"鸣"通"名"，初生芦苇称"葭"，与"甲"谐音，故芦雁纹寓有"金榜题名"之意。上面提到苏轼书《李白仙诗》也是用芦雁纹的研花笺纸。黄庭坚所用的芦雁笺版时间要比苏轼用的晚很多。我们可以从台北故宫博物院所藏的写于崇宁五年（1106）《致齐君尺牍》一窥究竟。此信为黄庭坚在宜州书信中相当珍贵的墨迹，信的内容为："庭坚顿首。两辱垂顾，甚惠。放逐不齿，因废人事，不能奉旨，甚愧来辱之意。

所需拙自，天凉意适，或能三二纸，门下生辄又取去。六十老人，五月挥汗，今实不能辨此，想聪明可照察也。承晚凉遂行，千万珍爱。象江皆亲旧，但盛暑非近笔砚时，未能作书，见者为道此意。庭坚顿首奇君足下。"这时60岁的黄庭坚已在宜州安顿下来，并有门生跟随。这张信札有着非常隐蔽的芦雁纹，信中间是一沙渚，芦苇覆盖其上，芦苇丛中有一只背对观众的大雁躲藏其间，非常隐秘。这张信笺就极有可能是从党涣那里所得芦雁笺版印制而成。此外，信纸上砑印还出现了横斜交错的织物纹。他在宜州的另一封信曾提到"布纹"加工："欲送数轴纸去，烦作布纹，留一半于斋儿，适冗未能处置。"或可推测此纸为黄庭坚先是请人加工的布纹纸，之后再使用芦雁笺版砑砑成现今这张笺纸。

台北故宫博物院还藏有黄庭坚一件书法作品《自书松风阁诗》。其中第一张砑印龙凤纹，第二张砑瓜瓞纹样，第三张砑花卉纹样，第四张砑瓜瓞纹样。除了精美的砑花纹，纸的底纹呈现出格子状的织品纹路，可称为罗纹（鱼子）砑花笺，是宋代制作等级相当高的纸张。由于格子纹路布满全纸，砑花图案部分也有，可见制作工序是先砑印花纹，再将全幅隐出罗纹来。这和前面提到苏易简介绍罗纹笺的制法完全一致。此外通过观察可以看到黄庭坚善于利用墨量和速度使笔墨在罗纹笺产生了特殊效果，字的末笔都有格状的织品纹理。

总的来看，文人的需求产生了砑花笺的不同性质和图案。而文人自行加工的砑花笺还是以直接砑光最为简易，若是要涂上特殊物质，就需要专业的技巧。可以推测那些花纹极不明显的笺纸很可能出自文人之手。专业纸工所制作的砑花笺是以销售为目的，商品的卖点就是极其精美又显而易见的装饰纹样。而看不见或是难以识别的隐秘花纹很难吸引消费者，却符合宋代文人稍有些矫情的审美心态。

三、装饰纹样

前面提到砑花笺的制作方法。"砑纸板乃沉香，刻山水、林木、折枝花果、狮凤、虫鱼、八仙、钟鼎文，幅幅不同，文绣奇细，号砑光小本"（《清异录》）。"砑则为布纹，为绮绫，为人物花木，为虫鸟鼎彝"（《蜀笺谱》）。可以见得砑花的图案有山水、花卉、钟鼎文字，均不涉猎人物。从现在少量传世的宋代砑花笺也可见到这种现象。

总体来看，宋代的砑花笺具有很强的装饰意味。可以发现砑花笺上出现的各种图案都是与同时代的其他格物类，如织品、服饰、瓷器息息相关，呈现出共同的视觉文化。从装饰图案可以看到大致分为图案化的装饰与构图式的装饰图案。图案化的装饰比如上面提到的折枝梅花、瓜瓞纹样；构图式的装饰如龟甲纹、几何纹、水波纹。图案化的纹饰来源有很多，如器物上的装饰纹样，以卷草花纹为例，在很多宋代瓷器上都可见到，尤其是定窑和越窑的瓷器。定窑和越窑的瓷器，工艺上无论画花、刻花和印花等多种装饰效果，都具备若隐若现的美感特点，这和宋代砑花笺纸颇有契合点，符合宋代文人的审美特点。此外砑花笺上的图案还

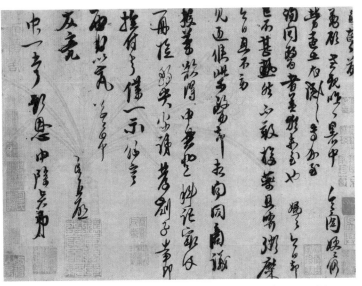

宋 《致中一哥新恩中除贤弟尺牍》 杜良臣 25.7厘米×36.3厘米
台北故宫博物院藏

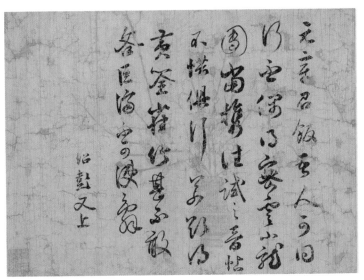

宋 《元章召饭帖》 薛绍彭 28.1厘米×38.4厘米 台北故宫博物院藏

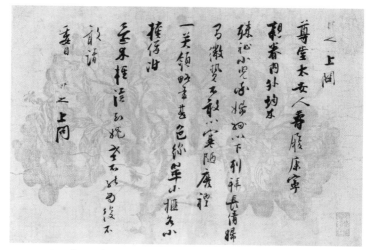

宋 《上问尊堂太安人尺牍》 张即之 29.5厘米×47.2厘米
台北故宫博物院藏

有一部分出自织物和服饰。这也可能跟原来纸张不普及，书法写于带有织物花纹的绫子或织锦上息息相关。因而砑花筛选图案会在不经意间选取平常熟悉的织锦上的构成图式。

比如笺纸中的卷草纹饰，像台北故宫博物院所藏李宗谔的《书送土龙诗》、张方平的《名茶帖》、蔡襄用散卓笔写的《陶生贴》和《谢郎贴》、薛绍彭的《杂书卷》皆为罗纹卷草砑花笺，这些卷草纹明显源于丝织物、瓷器。书画鉴藏家王巩《书尺牍》则用罕见的蓝色砑花笺，上面布满了牡丹卷草纹，左右还各装饰一只凤凰穿梭于花草间。经学家胡安国的《致伯高太博尺牍》也是全纸装饰牡丹卷草纹，范成大的《致养正监庙奉议尺牍》则是在卷草花纹中穿插西域风格的狮子形象。

台北故宫博物院还藏有宋徽宗所绘《池塘秋晚图》，所用笺

《池塘晚秋图》 宋徽宗
33 厘米 ×237.8 厘米 台北故宫博物馆藏

纸可谓代表宋代制作工艺最高等级。全卷使用砑花粉笺，表面有涂布，其上砑以典雅的卷草纹，纹上又涂上云母状发光物质，最后砑印织品的横斜纹路。砑花笺用于书写之用较为常见，而绘画中运用非常罕见，可见这是只有皇家才可享用的待遇。不由得想起辽宁省博物馆还藏有一件宋徽宗 40 岁写的草书《千字文》，洋洋洒洒，气势撼人。全卷写在一整幅纵 35.1 厘米、横 1172 厘米的描金云龙八宝花笺上。全笺一体制成，无一接缝。云龙纹为宫廷御用工匠用笔蘸金粉，一笔笔描绘而成，图案前后连绵，整齐划一，精工细描，乍看以为是雕版印刷技艺而为之。

其他花卉类图式还有折枝花卉、蝴蝶纹、瓶花纹等，如台北故宫博物院藏南宋画家杨无咎书尺牍，信纸为白描折枝花卉砑花笺。蔡襄《致通理当世屯田尺牍》信中与冯京道别，并赠送大龙团茶和青瓷茶瓯。选用蝴蝶纹样的罗纹砑花笺纸，蝴蝶纹为对飞的圆形构图，外饰一圈连珠纹。受宋代花鸟画影响，蝴蝶纹开始

盛行，宋瓷和服饰上也多取蝴蝶对飞的圆形构图，如吉州窑剪纸凤蝶纹盘、河北定县北宋塔基出土的定窑白釉花口洗。这种纹饰寓意自由与幸福。鉴赏家薛少彭《元章召饭帖》矸印青铜花瓶插有数枝梅花，高古清雅，可以感受其闲情雅致与幽谷情怀。杜良臣的《致中一哥新恩中除贤弟尺牍》是一封感谢信，选用了一张印有琼式花瓶的高级笺纸来表达感激之情。

另有两张台北故宫博物院所藏南宋书法家张即之的尺牍选择的笺纸矸花图案也颇有意义，反映出书写者的文人情致及独特审美。如《致殿元学士尺牍》书于幽静的荷塘水禽图案矸花笺上，表达自己想要隐居的心情，展现其用笺之巧思。另一张《上问尊堂太安人尺牍》则更为有趣，笺纸上矸印一株枝繁果茂的荔枝树。荔枝刻画精细入微，有菱纹，有格纹，深浅不一，果实表面更具凹凸立体感。叶子的描绘有白描，也有留白处理，俯仰向背都处理得很到位，有着宋代工笔画精细写实的画风，也可看到宋代高

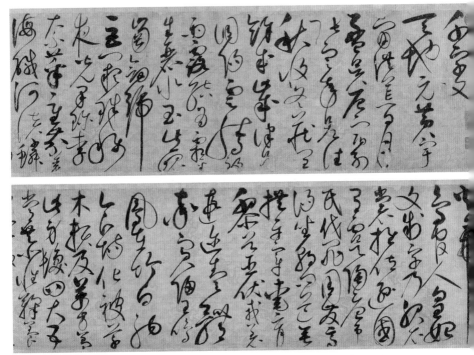

《千字文》（局部） 宋徽宗 35.1厘米×1172厘米 辽宁省博物馆藏

级砑花雕版制作的精细程度。为何选用荔枝树这样的图案也是大有深意，此信为向长辈问安送礼，荔枝图案既有四季常青长寿的象征，又有多子多孙吉利的寓意。

南宋偏安一隅，时局不稳定，制作的笺纸相比宋代纸张来说也稍显粗糙。如南宋民族英雄陆秀夫《致义山尺牍》所用笺纸砑花图案为野外放牧一正面、一侧面的两匹小马，有着向往安定生活的寓意。也体现出不安定的环境下，文人墨客对书写时的信纸依然有一定要求。

　　可见宋代砑花笺纹饰繁复且精美，虽与世俗瓷器、家具、服饰所流行图案相似，却流露出不同的文人品位。信札的尺寸虽限制了图像的选用，但像折枝花卉、金铭鼎器的插花，让人联想起南宋的小品画，或许这些主题，都曾出现在宋代砑花笺纸中。试想这些隐逸的花笺在寄出时，对方打开信件的瞬间，通过来自四面八方的光线，看到了其上精美的砑花，读信的同时又有了美的享受，感受到写信人寄托的诸多情感。具有相同文化层次的人，不需要透过任何文字，就能轻易地感受到信上的图案信息。因而尺牍本身所能传递的书写想法其实是有限的，重新检视宋代文人墨客对于纸张的偏好、研究与加工技术等问题，将宋代砑花笺纸放回到它本身的使用与生产脉络中，我们才可以感同身受宋代独有的笺纸书写文化。

匠心锦绣刻丹青
——明代的《萝轩变古笺谱》

清人缪荃孙在《云自在龛随笔》中引明末孙燕贻的话，说万历二十九年、三十年间（1601—1602），"多新安人贸易于白门，遂名笺简，加以藻绘。始而打蜡，继而揩化，再而五彩，此家欲穷工极妍，他户即争奇竞巧，互相角胜，则花卉鸟兽，又进而山水人物，甚至天文、象纬、服物、彩章，以及鼎彝珍玩，穷极荒唐幽怪，无不搜剔殆尽，以为新奇，月异而岁不同，无非炫耳目以求售"。

徽州出版商在南京开打的一场"花笺市场争夺战"，促成了天启、崇祯年间的花笺"愈盛"，其标志就是两部集大成的笺谱——《萝轩变古笺谱》和《十竹斋笺谱》的问世。

一、笺谱主人

《萝轩变古笺谱》是我国现存最早的一部笺谱，由江宁吴发祥在天启六年（1626）于南京刊成。以萝轩为号的吴发祥，住在南京南郊牛首山下秦淮河畔，活到80岁以上，是位博学长者。关于吴发祥的生平事迹，文献记载甚少。清陈作霖《金陵通传》记载："吴发祥，江宁人，居天阙山下，恂恂儒者，学极渊博，日手一编不少倦。"又根据明代顾梦游（1599—1660）《顾与治诗集·寿吴发祥八十》诗中道："少君二十岁，别君三十年。"考顾梦游的生卒时间。由此推算，吴发祥当生于明万历六年（1578），天启六年庚寅（1626）《萝轩变古笺谱》之成，当在吴发祥48岁之时。

《萝轩变古笺谱》上卷最前面由颜继祖（？—1639）写《笺谱小引》。颜继祖何许人也？他字绳其，漳州龙溪人，明万历四十七年（1619）进士，历工科给事中、吏科都给事中、右佥都

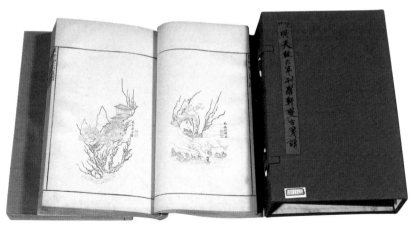

《萝轩变古笺谱》　上海博物馆藏

御史、太常寺少卿等职。他宦海浮沉20年，都处在朋党纷争、社会动荡的时期。《明史》记载他在"崇祯元年正月论工部冗员及三殿叙工之滥，汰去加秩寄俸200余人。又极论魏党李鲁生、霍维华罪状。又有御史袁弘勋者，劾大学士刘鸿训，锦衣张道濬佐之。继祖言二人朋邪乱政，非重创，祸无极。帝皆纳其言"。崇祯帝的信任，更加使得颜继祖放言无忌，其官职也在不断提升，擢为太常少卿，以右佥都御史巡抚山东。清兵入关，颜继祖奉命专防德州，济南因此空虚，援兵逗留不至，济南沦陷。朝廷遂归咎继祖失职，逮捕下狱，定罪斩首。

《笺谱小引》中记录了颜继祖对吴发祥进行绘、刻、印的事迹，无不是赞誉之情。"吾友吴发祥性耽一壑，卜居秦淮之干，志在千秋，尚友羲皇以上，闭门闲居，挥麈读离骚，唾壶欲缺。

笺谱目录　上海博物馆藏

尝语余云：我辈无趋今而畔古，亦不必是古而非今。今所有余，雕琢期返于朴，古所不足，神明总存乎人。自结绳易书，笔墨传松楮，上及系（丝）帛。通问笺束，出乎人间。或藻绘以争功，偏支离而入俗。于焉刻意标新，颉精集雅，删诗而作绘事；点缀生情，触景而摹简端。雕镂极巧，尺幅尽月露风云之态，连篇备禽虫之名。大如楼阁关津，万千难穷其气象；细至盘盂佩剑，毫发倍见其精神。少许丹青，尽是匠心锦绣；若干曲折，却非依样葫芦。眼界顿宽，笑已陈皆为刍狗；图书有据，立不朽而奉蓍龟。固翰苑之奇观，实文房之至宝。三山纸贵，户满王谢风流；四海名高，人倾芝兰臭味。玄黄已勒，缥缃而掩映；梨枣岂随，金石以销沉。故是家珍，应与世共。天启丙寅嘉平月丹霞友弟颜继祖撰并书。"

二、传奇经历

这部翰苑之奇观，文房之至宝的著作是如何发现的呢？其中还有一段传奇经历。郑振铎曾经在《北平笺谱》序言和《访笺日记》中记录了他所看到的《萝轩变古笺谱》，其实是流往日本于大正十二年（1923）由大村西厓复印的该谱残卷下册。清康熙年间有翁嵩年，号"萝轩"。大村西厓误以为书名为清代翁嵩年的号，由此断定笺谱为清康熙年间刊印本，并写下了如下的跋语："翁嵩年，字康贻，号萝轩，钱塘人，康熙戊辰进士，以文章名东南，官广东学道。矢心谨恪，务得真才。先是学使者以琼州在海外檄生童赴雷州考试，嵩年曰：'吾岂以一人易于千万人命乎？出入忠信，何畏焉。'竟渡海，后著为令甲，事竣归里，退休于西湖别业，以诗酒书画自娱乐，卒时年八十二。所著有《天香书屋稿》《白云山房集》《友石居集》及《笺谱》。张浦山称曰：'嵩年善山水，以枯瘦之笔作林峦峰岫，气质古雅疏拙，画家习气，毫发不能犯。其笔端洵士人之高致，艺苑之别调也。'予以平生未得多见嵩年画为恨，然征诸浦山之言而又睹是谱，亦足以窥嵩年才分气格也。顾此书可以资于工艺图案者固多，然而未广行于世，是亦可为憾焉。于此予谋复刻以弘其传云。大正壬戌立冬，归堂学人大村西厓识。"

因大村西厓亦未看到上册，当然就没有看到其中的《笺谱小引》，因而考订失误，这显然是出于"顾名思义"所致。复印本的画幅，亦印得"细于擘发"，但绝非康熙年间的刻手所能及，因而郑振铎对大村的考证，深有怀疑。他曾多次与徐森玉、赵斐云等版本家道及此事，他们亦均有同感，但非得原书全帙研究，就难以断定，于是他们分头在南北访求，历时多年，均无所获，因而郑振铎于《中国版画史图录》对《萝轩变古笺谱》的刻印时代，不得不从大村西厓之说。"受了胡正言的影响，清初的笺肆或出版家也印行些'笺谱'，像《殷氏笺谱》（约1650）、《萝轩变古笺谱》（约1670）等。《殷氏笺谱》迄未见到原书。《萝轩变古笺谱》则有复刻本。《萝轩变古笺谱》是康熙时人翁嵩年所辑。他号萝轩，固以命名。他们的彩色木刻画的刷印方法，全仿之胡正言，没有什么新的创作，不过其工致精彩处却能追得上

"丹楼望落潮"笺（左），"晚雀林中度"笺（右）
上海博物院藏

《十竹斋》"。

而在中国是如何发现的这部笺谱呢？1962年，浙江嘉兴市决定利用政府的力量，组织南湖书画社大量收集散落民间的古籍、文物加以保护。书画社的高可安和臧松年都参与了这次收集。1963年春，臧松年在海盐高可安的陪同下，来到一个叫沈荡的小镇，从一农妇手里购得了这部《萝轩变古笺谱》。农妇肯定想不到，她手中用来夹鞋样子的破书竟然是一部国宝级的海内孤本。经过讨价还价，最后以30元成交。随后臧松年以40元（相当于机关干部当时一个月的工资），卖给了嘉兴古籍书店。嘉兴古籍书店想让专家鉴定一下这部古籍，就专程赴上海博物馆请当时的馆长徐森玉进行鉴定。徐森玉是国内屈指可数的目录学家、版本学家和鉴定家。徐森玉见到这部来自乡间的《萝轩变古笺谱》，异常惊喜。从封面"清绮斋收藏"的图章来看，可知此笺谱为海盐大藏书家张宗松、张宗橚的旧藏，为海内孤本，是多年来古籍研究的稀世之宝。于是他和嘉定古籍书店多次磋商想要把此部笺谱入藏上海博物馆。最后由上海市委宣传部部长石西民出面协调，以上海博物馆所藏的 16 幅明清书画精品作为交换条件，徐森玉一口答应，此事方尘埃落定。由此，这部《萝轩变古笺谱》的作者之谜也就彻底解开，中国现存最早笺谱的年代也就随之改写。

三、笺谱变古

吴发祥自云："我辈无趋今而畔古，亦不必是古而非今。今所有余，雕琢期近于朴，古所不足，神明总存乎人。"体现了《萝轩变古笺谱》之"变古"的深意，为权衡古今之变，有所取舍，形成一种雕琢与古朴之间的风貌。我们从笺谱收录内容也可窥见一斑。笺谱上册共 90 面，除小引、目录外，有画诗 20 幅，筠篮 12 幅，飞白 8 幅，博物 8 幅，折赠 12 幅，瑶玉 12 幅，斗草 16 幅，杂稿 2 幅；下册共 88 面，除目录外，有选石 12 幅，遗赠 8 幅，仙灵 8 幅，代步 8 幅，搜奇 24 幅，龙种 9 幅，择栖 11 幅，杂稿 8 幅。这些画笺多用白描线条，雕刻精致细腻，设色沉静古雅，诸如楼台亭阁、山川风云、花鸟禽虫、车马舆服、钟鼎剑佩，犹如一幅幅精美的版画，栩栩如生，跃然纸上。画作多以象征的手法描写典故的内容，这也是晚明印制画笺的一个明显特点。我们

"塔影入云藏"笺　上海博物馆藏明刻本

来一一欣赏这些内容。

1. 画诗

　　首先来看上卷的"画诗"一题，就是以诗入画，画为无声诗，诗为无形画。这里都是取南朝及唐人描绘江南盛景的五言诗句，分别为"塔影入云藏""寒山但见松""岸花临水发""弱柳垂江翠""竹密山斋冷""野船开宿鸟""云光栖断树""丹楼望落潮""晚雀林中度""系舟接绝壁""松泉多清响""带月荷

筼篮笺　朵云轩 80 年代复刻版

锄归”“断桥荒藓合”“水接仙源近”“阁楼倚山巅”“孤月浪
中帆”“阆门临古渡”“触石浮云起”“孤云带雁来”“女萝覆
石壁”，皆是富有意境的诗句。前八笺都是以水墨形式表现，其
中穿插拱花印出的白云缭绕或水流潺潺。后十二笺则是彩色白描
线条的形式，烘托意境。如“塔影入云藏”一笺出自明代李攀龙
的《五日同子相游天宁寺》“灯轮侵日出，塔影入云藏”的句子。
李攀龙（1514—1570），字于鳞，号沧溟，历城（今山东济南）
人。曾与谢榛、王世贞等倡导文学复古运动，为“后七子”的领
袖人物，被尊为“宗工巨匠”。以其诗句入笺，可见李攀龙影响
之大。画面居中，以淡墨画山石、树木、古塔，拱花表现白云缭

绕。"阁楼倚山巅"一笺，取自唐代杜甫《陪李梓州、王阆州、苏遂州、李果州四使君登惠义寺》，原句为："莺花随世界，楼阁寄山巅。"全笺以浓墨勾勒山石轮廓，以彩色绘制楼台、树木、水纹，给人以凭楼远眺，心旷神怡之感。

2. 筼篮

"筼篮"画笺一题均为精美的竹篮，筼的本意为坚韧的竹皮。12幅筼篮笺画所绘分别为：佛手、碧桃、牡丹、石榴、珊瑚、书卷、如意、桃子、梅花、山茶、兰竹、竹石、青松、灵芝、葫芦、萱花、月季、莲藕荷花。这些花果，均有美好的寓意，如兰竹象征清高，牡丹的富贵，桃子的长寿，石榴的多子，青松灵芝的康健，莲藕的多情，萱花的爱情。这些都是文人雅士所钟爱之物，在不同节日里也将这些时令的花果插入篮中作为瓶花以供。诚如古人所说："生机乃绿叶结阴，花木扶疏。花情韵，叶高格，若集于一瓶之中，击节赞叹之余，令人心驰神往。"让人不禁联想起台北故宫博物院所藏有一幅南宋《花篮图》，以山茶为主花，搭配水仙、绿萼梅、瑞香和丁香，虽没有明显高低差别，却彼此穿插，错落有致。花篮虽小，却是极为丰富的作品，繁而不乱，多而有序。南宋的这种花篮插花形式一直延续到明代。"筼篮"笺画表现插花的主从和前后、高低各方位的层次感和空间感，可谓笺画是插花的二度空间呈现。

3. 飞白

"飞白"笺画一组共计12幅。"飞白"二字可谓一语双关，既是表示内容为飞虫白羽，又有留白之意。全用白拱花之法制成，不着一点笔墨，靠凹凸感来呈现蜻蜓、蝴蝶、蚱蜢、天牛、豆娘、蜜蜂、蜘蛛、蝗虫、螳螂这 9 种昆虫的搭配。通过精细的木版拱花刻画，昆虫栩栩如生，跃然纸上。

4. 博物

博物为博学博闻、方知名物之意。共收录 8 幅有典故的笺画，画面都有象征寓意。分别为：曹氏书仓、献生子、御制玉梨、三品笔、载茗一车、藏珠卜巧、长公螺砚、笏囊。

"曹氏书仓"笺，绘有奇石堆集，中间为图书、画卷。十六国时期，前秦王嘉《拾遗记》记载，东汉学者曹曾，勘正上古名书，乱后广收遗书，所藏超过万卷。后唯恐再毁于战乱，于是积石为仓，藏储书籍，后世称为"曹氏书仓"。

"献生子"笺绘一包袱中装满石榴、稻谷等各色蔬果。《新唐书·李泌传》记载，贤相李泌奏请将二月初一设为中和节，民间用青囊盛五谷和瓜果种子相互赠送，以求丰收，称为"献生子"。此种风俗盛行于唐宋。

"御制玉梨"笺绘一山水纹瓷炉上放置三梨，出处暂未详。此玉梨形态似苹果，放在炉上蒸烤。一则烤梨味道鲜美可润肺，二则梨香散发可以作为薰香之用。而查砀山酥梨形似苹果，在明代万历年间开始被列为贡品，深受宫廷喜爱。此笺可能是有意借指宫廷熏梨等文雅之事。

"三品笔"笺绘玲珑石笔架上架着三支毛笔。此典出自唐代孙光宪《北梦琐言》：南朝梁元帝萧绎用金管笔记述行忠孝者，用银管笔记述有德行者，用斑竹管笔记述有文采者，三品笔于是得名。

"载茗一车"笺绘一车上载了装有茶叶的各色罐子。据史载，隋文帝杨坚做噩梦头痛，有老僧告知应去南山中采茶饮用，饮茶后果然奏效。其时有赞曰："穷春秋，演河图，不如载茗一车。"

"藏珠卜巧"笺绘一盖盒里密密麻麻的蛛网。天上星斗又代表是七夕节，五代王仁裕《开元天宝遗事》记载：每逢七夕，唐玄宗与杨贵妃各捉蜘蛛放于小盒中，早晨打开观察蛛网疏密程度。密者说明"巧"多，疏者说明"巧"少（如手巧、心巧等吉祥意），也成为民间风俗。

"长公螺砚"笺绘制蓝色贝壳做的砚台。长公为行次居长之意。苏轼因为苏洵长子，被世人尊称长公。苏轼曾作《鼎砚铭》曰："鼎无耳，盘有趾，鉴幽无见几不倚。"与螺脚砚台非常相似，此砚或为苏轼之物。

"笏囊"笺以拱花形式印出笏装于一锦囊中。此笺源于《旧唐书·张九龄传》：唐代会昌年间朝臣皆将笏插在腰带上再去骑马，宰相张九龄年高体衰，只好将笏放在袋子中，让随从拿在手中跟随自己。

5. 折赠

折赠即折枝相赠之意，正如陆凯赠范晔诗："江南无所有，聊赠一枝春。"折不同的花表达不同的感情。折赠主题共有12幅笺画，画中以彩色形式绘制或折枝花、束捆花。所选诗句多出自《诗经》《楚辞》及古语，意味深沉隽永。

如"相招赠之以文无"笺绘当归花一束，出自晋代魏豹的《古

"遗余佩兮醴浦"笺　朵云轩80年代复刻版

今注》："相招召赠之以文无，故文无名当归。"文无又名"当归"，相赠文无，表达渴见、召唤之意。

　　"制芰荷以为衣兮"笺绘扎起来的荷叶一束，源自屈原《离骚》："制芰荷以为衣兮，集芙蓉以为裳。"意思是用荷叶、荷花来作为自己的衣裳，形容美好而纯洁的心性与节操。

　　"彼采艾兮，一日不见，如三岁兮"笺绘艾蒿一丛，此句出自《诗经·王风·采葛》。艾，有香味的蒿类植物，以喻相思。

　　"遗余佩兮醴浦"笺，出自屈原楚辞《九歌·湘君》："捐余玦兮江中，遗余佩兮醴浦。采芳洲兮杜若，将以遗兮下女。"

折赠应取"采芳洲兮杜若"一句,《萝轩变古笺谱》似作歇后之语,以免与之后的"搴汀州兮杜若"笺重复。笺上绘杜若花一束,《名医别录》说其"令人不忘"。

"折疏麻兮瑶华,将以遗兮离居"笺,出自屈原楚辞《九歌·大司命》。疏麻,为神麻。瑶华,神麻之白花,有迷幻、陶醉作用。向别居者赠神麻白花,愿重生旧情。

"欲忘人之忧,则赠之以丹棘"笺绘一扎橙色萱草花,此典出自晋代崔豹《古今注》。丹棘又名忘忧草、萱草。相传,食萱草可忘忧。

"食我桑椹,怀我好音"笺绘一丛桑葚,此语出自《诗经·鲁颂·泮水》:"翩彼飞鸮,集于泮林。食我桑椹,怀我好音。"飞鸮为猫头鹰。全句取感恩归化之意。

"搴汀州兮杜若,将以遗兮远者"笺绘杜若一束,此典出自屈原楚辞《九歌·湘夫人》。采摘江心的杜若,赠与远行者,愿其长记不忘。

"因芙蓉而为媒"笺绘荷花一扎,出自屈原楚辞《九章·思美人》:"因芙蓉而为媒兮,惮褰裳而濡足。"以喻心向美好。

"生刍一束,其人如玉"笺绘一束青草,出自《诗经·小雅·白驹》:"皎皎白驹,在彼空谷,生刍一束,其人如玉。"生刍意为喂马的青草。此句指代君子气韵高洁。

"欲蠲人之念兮,则赠之以青裳",出自晋代崔豹《古今注》。青裳,一作青堂。青堂又名合欢树,故可减缓怨愤。但此笺所绘和合欢花的形态差距比较大。

"伊其相谑,赠之以芍药"笺绘斜下折枝芍药一枝:语出《诗经·郑风·溱有》:"维士与女,伊其相谑,赠之以芍药。"芍药,又名江蓠,与"将离"谐音,借以表达依依惜别之情。

6. 瑉玉

"瑉玉"主题笺共12幅,皆以白拱花为之,分别为:佩刀柄、古玉瑹、革钩玉带、雕玉盘螭、琥、瑧瑝、璩、蟠螭珲、雕玉蟠螭、雕玉蚩尤环、鹿卢。玉有美德且辟邪的功用,历来受到帝王将相、达官显贵和文人雅士的喜爱。其中也有一些典故,如"雕玉蚩尤环"1幅,笺画为带纹饰的臂环,传说黄帝战胜蚩尤后,将蚩尤头像雕在环上,戴于手臂以辟邪。

7. 斗草

斗草主题笺共16幅,分别为:露桃、紫薇、虞美人、百合花、金丝桃、剪秋罗、斗草、淡竹花、洛阳花、白蝴蝶、野菊花、蓝菊、凌霄花、拾草、天花、葵心。除天花外,皆为人间草木。据《妙法莲华经》载,佛说法至精彩处,天花会从天而坠,给信众带来惊喜。前15幅都是彩色印制,只有葵心一花为水墨。斗草原是古代一种颇为文雅的游戏。南朝(梁)宗懔《荆楚岁时记》记载,五月五日,民间有斗百草之戏。人们相聚在一起,接对花草名称,以试知识多寡,乐此不疲。

8. 杂画

上卷最后有杂稿2幅,当为后来补入者。其中一幅为"云鹭"笺,以绿线勾祥云,以拱花制白鹭,给人以高洁、淡远之感。此题意为云中白鹭,可喻隐者,在一定程度上也可以说是夫子自道。

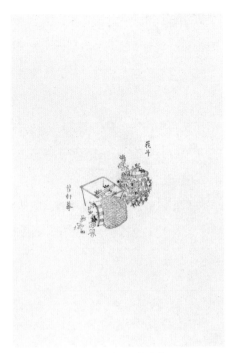

斗草笺　朵云轩 80 年代复刻版

另一幅为"陇上云"，绘墨梅一株，枝干作嶙峋之态，其上题跋"吴相如戏笔似，萝轩主人正"。原作当为画给吴发祥的。"陇上云"出自苏轼《次韵奉和钱穆父、蒋颖叔、王仲至诗四首见和》："谡谡松下风，霭霭陇上云。聊将窃比我，不堪持寄君。"

下卷又有 8 个主题笺画，分别是：选石、遗赠、仙灵、代步、搜奇、龙种、择栖、杂稿。

9. 选石

选石一题，共有笺画 12 幅。古人寄情山水，幽斋磊石，原是情非得已。文震亨言："石令人古，水令人远。园林水石，最不可无。"古人爱石、赏石、怜石、藏石，认为石得苍古之趣，品石臻而永恒之躯，石形为造化之功。此处所选石都有出处和用典。

"文石"笺的文石指带有纹理的石头。《山海经·北山经》记载，单孤山、马成山、天池山、神囷山上皆多文石。

"雪浪石"一笺即出自宋代杜绾《云林石谱》。此石出自中山府，颜色灰黑，纹生白脉，姿态旋绕曲折，苏东坡将其命名为"雪浪石"，并作《雪浪石》诗，曰："承平百年烽燧冷，此物

雪浪石笺　朵云轩80年代复刻版

僵卧枯榆根。画师争摹雪浪势，天工不见雷斧痕。"

"郁林石"一笺则出自《新唐书·隐逸传》。诗人陆龟蒙远祖陆绩三国时为吴国郁林太守，罢官归乡时因无家私，船轻不禁风浪，须用石头承重压舱，人们赞此石为"郁林石"，特置于姑苏陆氏门前，以彰显陆绩之清廉。

"放钵石"笺源自禅宗五祖弘忍将衣钵传与六祖慧能，神秀不服，率众追之。慧能避难途中，经过南昌神岭道边，见追者渐近，将饭钵放于道旁大石上，竟无人能撼动。石头因而得名。

"闽王禁石"笺，明代《长乐县志》记载：长乐县东四十里海滨处有大石，周围十余丈出产的紫菜味道极鲜美。五代时期闽王王审知呈贡所用，禁民私采。

"黄石"笺，《史记·留侯世家》记载：无名老翁三试张良，传以兵书，临别告之，13年后在济北谷城山下，黄石公即是老翁化身。后果然发现一大块黄石，张良取而供奉。

"妇负石"笺，出自明代《大理府志》：汉兵入侵大理时，观世音化身为农妇，用稻草系住巨石，背在身上，汉兵见而畏退，战乱平息，人们为此石特建观音阁。

"金鸡石"笺，北魏郦道元《水经注·赣水》记载：湖北汉水发源于雩都县，流经一块临江耸立的巨石。据老人言，常有金鸡出现在巨石上，因此得名金鸡石。

"望夫石"笺，源于南朝（宋）刘义庆《幽明录》：一人远赴国难，其妻携子送别至武昌阳新县北，盼望丈夫平安归来，久立成石。

"羊石"笺，晋代葛洪《神仙传》记载：皇初平牧羊，被道士引入金华山石室中40年。其兄寻访，问羊何在。二人赴金华山东，只见白石成片。皇初平叱喝，白石皆起，成羊万头。

　　"松化石"笺出处为宋代《图经本草》：处州出一种松石，形状似松，其实为石，是松树久化为石。多用于装饰山亭或者打磨制枕。《素园石谱》又讲"松化石"，"婺州永宁县松林头，一夕大风雨忽化为成石"。因为古代科学不发达，对化石的叙述颇为神奇，但充分体现出古人在赏石时的闲情逸致和丰富想象。

　　"鸟石"笺，源自南朝（宋）邓德明《南康记》记载：平固县覆笥山上有湖数十里，有石雁浮在湖水中，每当夏秋交替时，石雁便鸣叫飞翔，仿佛能感知季节。

10. 遗赠

　　遗赠笺主题共计8幅，分别印制文人常用的格物，表达临别相赠，情真意切，睹物思人。每笺均有出典，如"美人赠我锦绣缎，何以报之青玉案""美人赠我金琅玕，何以报之双玉盘""美人赠我貂襜褕，何以报之明玉珠"3幅，均出自东汉张衡的《四愁诗》，诗的主题为描写山高路远，怀人愁思，表达郁郁不得志。

　　"赠以鹿角书格，易以竹翘书格报之"一笺出自《南齐书·庾易传》：安西长史袁彖赞赏庾易品格高尚，赠送后者鹿角书格、白象牙笔等文房用具，庾易以竹翘书格、连理儿等作为回赠。

　　"客从远方来，遗我一书札"笺，绘行囊中的古籍与书卷。此笺出自《古诗十九首》："客从远方来，遗我一书札。上言长相思，下言久别离。"

"赠以鹿角书格，易以竹翘书格报之"笺
朵云轩80年代复刻版

"遗我绿玉杯，兼之紫琼琴"笺
上海博物馆藏

"送君倾壶醑，临行赠马鞭"笺，印一坛酒和马鞭，此典出自唐代李白《送别》。

"有客从南来，赠我一抱笔"笺，绘一捆各色毛笔，此笺出自《文苑》无名氏所作汉诗。

"遗我绿玉杯，兼之紫琼琴"笺，绘制一紫色五弦琴和绿色玉杯，典出唐代李白《拟古十二首·其十》："遗我绿玉杯，兼之紫琼琴。杯以倾美酒，琴以闲素心。"

11. 仙灵

"仙灵"笺绘制通灵动物8只，也均有出典，史书上往往将其作为祥瑞的征兆。

如"宜春苑鹿"笺，绘一白鹿做前行之状。宜春苑为秦汉时皇帝园林，据唐代郑嵎《津阳门诗并序》记载：唐玄宗在芙蓉园中发现一头白鹿，隐士王旻称其为千年仙鹿。鹿角挂一块铜牌，上刻"宜春苑中白鹿"，唐玄宗便称此白鹿为"仙客"。

古代以红毛兔为祥瑞之物，《宋书·瑞符志》记载：王者盛德则至。《笺谱》特意收录了一枚"朱兔"笺。

"衔灵雀"笺来自汉代《尚书中候》记载：周文王姬昌为西伯侯时，有赤雀衔丹书，飞落在其家门，文王行礼受丹书。后其子武王灭商朝，建立周朝。

"向日鸟"笺，为两只向阳而飞的鸥鹆。晋代崔豹《古今注》记载：鸥鹆生长在南方，惧怕寒冷，常朝太阳的方向飞翔。

"饮马投钱"笺一典出自汉代赵岐《三辅决路》记载：安陵人项仲仙每到渭水边饮马，必向河中投三枚铜钱，以示买水不苟。人皆谓之清廉。

"投束脩羊"笺中，束脩指古代弟子送给老师作为学费的干肉条。唐代冯贽《云仙杂记》记载：汴州刺史倪若水藏书丰富，学子先投束脩羊，而后看书、借书。倪在任上身体力行，兴校办学，颇受爱戴。

"系缕燕"笺，绘系着彩色丝线的燕子。《南史·孝义列传》记载：南朝梁人卫敬瑜的妻子丧夫。她的住处原有一对燕子，后只余一只单飞。卫妻为其伤感，用丝线系燕足做记号。来年燕子又带着丝缕飞回。卫妻诗云，"故人恩既重，不忍复双飞"。

"双舄"指会飞的仙鞋。《后汉书·方术传》记载：汉明帝时期邺城县令王乔来京从不乘车马。皇帝令人观察，发现王乔来时，每每有一对野鸭飞来。待用网捕捉，只得到一对官鞋。

12. 代步

以"代步"为题，收入笺画 8 幅。舟楫车马均为代步工具，亦多有各种神异传说。

如"舟笛惊龙"是据唐代段安节《乐府杂录》：一代吹笛圣手李谟与越州刺史皇甫政月夜泛舟吹笛，一无名老翁驾小船来听，应邀吹奏，皇甫政发现此时有两条龙也到船侧倾听老翁笛声。李谟想要拜求技艺，老翁已入小船而去。

"车飞金凤"笺，源自南朝吴均《续齐谐记》：汉宣帝赐给

宛渠螺舟笺　上海博物馆藏

大将军霍光一辆金饰车，镶嵌在车上的金凤凰每夜都飞走。有人在北山上捕到了一只，却立即化作紫金冠。宣帝将其放置盘中，金冠又变成凤凰飞回霍光车上，宣帝认为此车颇有灵异，于是收为御用。

"记里大鼓"笺，据《晋书·舆服志》记载：记里鼓车，形制如同司南，里面有木人敲鼓，行一里则打一槌。

又如"刻舟称象"，为小时候耳熟能详的曹操之幼子曹冲称象的故事。

"宛渠螺舟"笺讲十六国时期，前秦王嘉《拾遗记》记载：秦始皇喜好神仙，有宛渠国人乘坐螺形船，穿行海底前来拜访。此船又名沦波舟。宛渠国人高十丈，穿鸟兽毛，谈论都是开天辟地之事。

"凫舟戏水"笺，绘两只鸭形船。西晋张协《七命》赋：榜人奏《采菱》之歌。歌曰："乘凫舟兮为水嬉，临芳洲兮拔云芝。"

"雀集公车"笺，源自汉代《尚书中候》记载：秦穆公狩猎时，天震大雷，雷火化为白雀，口衔丹书，飞集至公车，以为祥瑞。

"戎车"为兵车。《尚书·牧誓》记载：武王戎车300辆，虎贲300人。

13. 搜奇

《笺谱》中收录的24幅"搜奇"笺，在下卷中占有很大的比重。这里每一幅绘各式奇珍，每一个都有风流奇事。

如"雷门鼓"笺，《太平御览·羽部》记载：古会稽城门为雷门，门前大鼓中飞入一只神鹤，于是雷门鼓鸣，远在洛阳都可以听闻。

"辋川帚"笺，源于唐代冯贽《云仙杂记》：王维性好净洁，他在辋川山谷隐居时，每日有十余人为其洒扫房屋，其中两个童子专门拥帚扫地，不容有浮尘存留。

"申公茶箩"笺，宋代周辉《清波杂志》记载：北宋大臣吕申公在家中备有银、金、棕榈三种茶箩，根据访客的身份高低用不同茶箩筛茶。

再如"书画船"笺，画面上水中荡漾的一只小船上，放满了帙册画轴。此笺涉及宋代书画家米芾的一个掌故。米芾痴迷书画，所到之处，必以书画相随。崇宁年间，米芾为江淮发运，曾在船上挂牌云"米家书画船"。黄庭坚《戏赠米元章》诗云："沧江静夜虹贯月，定是米家书画船。"

"花裀"笺讲的是学士许慎远性情洒脱，在花园聚会不准备帷幄、椅凳，他就让仆童为自己扫聚落花为坐垫，表示自有花为茵，何需坐具。裀同茵，古时坐垫。（五代王仁裕《开元天宝遗事》）

"钵中青莲"笺根据《梁高僧传》记载：西晋末期，高僧佛图澄为劝大将石勒信奉佛法，少行杀戮，施法术在水钵中凭空变出青莲，终使石勒信服。

"春幡"笺是民间旧俗，在立春日将绢缯剪成长条状，系挂于树梢，以示迎春之意。兴起于汉代，盛行于唐宋。

"幽人笔"笺的"幽人"，指幽居之人。唐代冯贽《云仙杂记》记载：晚唐文学家司空图归隐中条山，砍松枝做笔杆，自名为幽人笔。

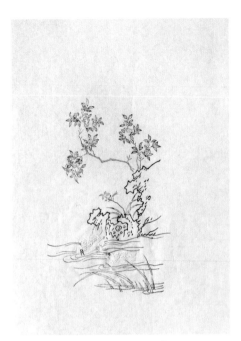

择栖笺　朵云轩 80 年代复刻笺

　　"洗儿果"笺来自南宋吴自牧《梦粱录》记载：新生儿满月，要将金银、杂果放在盆内温香水中，进行洗儿会。所用果品，称为洗儿果。

　　"大瓮钱"笺是一段传奇。明代胡我琨《钱通》记载：建安一村人经过建溪，看到水中有钱流过，寻流而上，发现山中有装满钱的大瓮，因倾斜而致钱流出。村人推止大瓮，用大石压住，取 500 文钱回家。再带家人来取钱时，却再也找不到地方。夜里他梦到有人相告，钱有主，不可取，500 文是给他扶正大瓮的酬劳。

　　再如"遗瓢"笺，画面绘有一棵枝条扶疏的古树，上挂一水瓢。

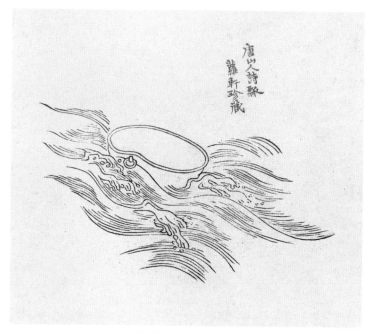

唐山人诗瓢笺　朵云轩80年代复刻笺

此画出自东汉蔡邕《琴操》："许由无有杯器，常手掬水。人见由无器，以一瓠遗之，由操饮讫，挂于树枝，风吹树，飘动历历有声，由以为烦扰，遂取捐之。"

"四材弓"笺，《周礼·考工记》记载：制弓需要干、角、筋、胶、丝、漆六种材料。后世多用江西毛竹、湖北牛角、牛背脊筋及大黄鱼鳔四材制良弓。

"六国印"笺记录战国纵横家苏秦劝说六国合纵抗秦，苏秦任命为纵约长，任相六国。后人称苏秦佩六国相印。（《史记·苏秦列传》）

望夫石笺　朵云轩80年代复刻笺

　　"换鹅"一笺，画面上绘有白鹅、奇石，石上置纸笔。此典出自《晋书·王羲之传》：王羲之生性爱鹅，欲买道士所养之鹅；道士喜王羲之之书，提出以《道德经》相换。王羲之欣然提笔写就，笼鹅而归。

　　"花斗"笺绘装花朵的草竹编盛具。宋代陈敬《新纂香谱》记载：摘满一斗木樨花，与清麻油一升拌匀，密封在瓷器中，经过煮、闷、沥等几道工序，可制成香发木樨油，亦可加于黄蜡中作面霜。

　　"唾壶"笺，源自南朝（宋）刘义庆《世说新语》记载：大

将军王敦被晋元帝疑忌，酒后常吟诵曹操名句"老骥伏枥，志在千里；烈士暮年，壮心不已"，同时用如意击打唾壶，壶口尽缺。

"借书一瓻"笺中"瓻"是古代陶制盛酒用具，意为借书时要送人一瓻酒，以表谢意。宋代周辉《清波杂志》记载："借书一瓻，还书一瓻。"

"蓝舆"笺指形状如篮，多竹制，以人力抬行，类似后世的轿子。《宋书·隐逸传》记载：陶渊明有脚疾，赴庐山游赏时，曾乘篮舆赴约与朋友饮酒。

"秃笔瓮"一笺，来源唐代张怀瓘《书断》记载：书僧智永在寺内积年学书，笔头写秃即置瓮中，竟攒得十瓮，每瓮有数石之重。

"唐山人诗瓢"笺来自宋代计有功《唐诗纪事》记载：隐士唐球作诗后，将诗捻成小球，放进大瓢里。唐球病重后，将大瓢投入江中。叹称，斯文苟不沉没，得者方知吾苦心。大瓢流入新河道被拾起，有识者说，这是唐山人诗瓢。

"嵩山蝶"笺，源自唐代段成式《西阳杂俎》的一段传奇故事：唐太和年间，郑仁本表弟等二人在嵩山游玩时迷路，见一白衣人枕着包袱睡觉。两人几番相问，白衣人才告诉他们自己是修凿月亮凹凸表面的人之一，包袱中有玉斧头和祛病的玉屑饭。白衣人指明道路后即消失。

"采芝"笺，源自《史记·留侯世家》记载：秦末四皓见秦政苛虐，隐居作歌："莫莫高山，深谷委迤。晔晔紫芝，可以疗饥。"后以采芝指隐居山林。

"陈榻"笺绘一榻，来源《后汉书·陈王列传》记载：陈蕃任豫章太守时，不接宾客，唯有品行高尚的徐稚来时，才会特设一榻，徐稚离开后则将榻悬起不用。

"济胜具"笺中绘拐杖和木屐一双，寓意游览盛景的好身体。南朝刘义庆《世说新语》记载：许询身躯伟健，喜好壮览山水。时人称道其不仅情趣高雅，而且有着便于登临的好身体。

14. 龙种

龙种共为9幅白拱花。自明伊始，龙生九子至层出不穷。笺画按陆容《菽园杂记》所载，分别为：

蚪蛦：其形似龙而小，性好立险，故立于柱头上。笺画作蚪蛦耸立。

螭虎：其形似龙，性好文采，故立于碑文上。笺画作螭虎衔书。

鳌鱼：其形似龙，好吞火，故立于屋脊。笺画作大鱼翻涌。

蝥蛭：其形似龙，好风雨，故用于殿脊上。

宪章：形似兽有威，性好囚，故立于狱门上。笺画作宪章怒吼。

饕餮：性好水，故立于桥所。笺画作饕餮潜水，不同于人们常说的好吃之兽。

蟋蜴：形似兽，鬼头，性好腥，故用于刀柄上。笺画为蟋蜴俯闻。

金猊：形似狮，好烟火，故立于香炉盖。笺画为金猊腾烟。

椒图：形似螺蛳，性好闭，故立于门上。笺画作椒图卧地。

15. 择栖

"择栖"主题 12 幅笺画分别为：鸳鸯石榴、鹦哥梅兰、梧桐灵石、嘉树乌鸦、松树雄雉、荷花白鹭、翠竹绶带、垂柳双鸭、玉兰蝴蝶、芭蕉蝴蝶、梨花飞燕、芦苇白雁，均取良禽择木而栖之意，寓意博智高洁之人，预感天时将变，需做出明智选择。

16. 杂稿

下卷又以 8 幅杂稿殿后，题材均为古木，具有较好的寓意，如"大椿"象征长寿，"五粒松"象征长生，"灵枫"象征老者，"合欢"可解人忧郁，"左纽柏"常做盆景用，"峄阳桐"可做制琴上选佳材，"柽河柳"嫩枝叶可入药等，"守宫槐"白日聚合，夜间舒展。

《萝轩变古笺谱》可谓一部明代的缩写版百科全书，文人也喜欢用这些笺纸书写。在存世的晚明书札中，还可以看到一通运用《萝轩变古笺谱》中笺纸所写的信。这封信是藏于上海图书馆，由南京人魏之璜写给他的朋友，回想几日前大家"酌之美酒，饮之清言，是日实大快也"。笺纸用的是搜奇笺中的"唐山人诗瓢"，绘河中一瓢。信札上字则改为"流觞"，"曲水流觞"正是兰亭中的饮酒之意。

汇古今之名迹，集艺苑之大成
——《十竹斋笺谱》

明代出版业发展迅速，在刊行量和内容上都远远超过了元代，晚明更是达到了高峰。明末出版的笺谱以其精湛的饾版彩色套印技术和文人逸趣的创作风格，在中国版画史上具有极其重要的地位。上一节我们提到了明代笺谱的双璧之一《萝轩变古笺谱》，而这一节主要是介绍《十竹斋笺谱》。

一、十竹斋主——胡正言

十竹斋是中国明代末年书画家、出版家胡正言定居南京时的斋名，也是他制笺、印画、刻章、出版书籍的工作场所。

胡正言，字曰从，原籍安徽休宁文昌坊，约生于明万历十二年（1584），历经明万历、泰昌、天启、崇祯、清顺治、康熙六代，卒于清康熙十三年（1674），享年91岁。据《金陵通志》载："胡少从李登学，精篆籀。"胡正言"清资博学，既精六书，尤擅众巧"（醒天居士《题十竹斋画册小引》）。早年师从以书钟鼎文名天下的李登，攻六书之学，得篆、隶、真、行各体法度，兼习绘事，尤擅花卉、墨梅，至于治印，更是著称。明崇祯时期，被授予翰林院职。崇祯十七年（1644），闯王李自成攻入北京，崇祯在煤山吊死，清兵入关，南都（今南京）马士英等人迎立福王朱由裕监国，因国玺遗落在北京，任命胡正言督造刊刻国玺。南都沦陷后，胡正言矢志不与清廷合作，开始隐居在南京鸡笼山，"尝种筼竹十余竿于楣间，昕夕博古，对此自娱，因以'十竹'名斋"，自号"十竹主人"。斋中藏有博古异书，名花奇石。崇祯甲申年（1644）清秋，朋友李于坚到他的十竹斋中，见室内"绿玉沉窗，缥恢散榻"，主人"茗香静对其间"，所以王三德便谓其"盖市而隐者也"。

胡正言广泛结交南京名流和书画家，并与刻印高手们朝夕研讨，先后刊刻珍贵图书约30余种。今人王贵忱、王大文统计，从明代神宗末年到清代康熙初年，十竹斋共出版胡正言辑录图书达30多种。其所辑录图书分为两部分：一类是版画类。如《石谱》一卷，胡正言辑，明末彩色套版；《十竹斋书画谱》不分卷，胡正言辑，天启七年（1627）刊，十竹斋彩色套印本；《十竹斋笺谱》初集四卷，胡正言辑，十竹斋开花纸彩色套印，清初本；《梨云馆竹谱》一卷，胡正言辑，明崇祯间刊本。另一类是篆刻类。如《印史》不分卷，胡正言篆钤写本；《印存初集》二卷，胡正言篆，顺治四年（1647）十竹斋开花纸钤印本；《印存玄览》二卷，胡正言篆，顺治十七年（1660）十竹斋开花纸墨印本。此外他还出版杂技、语文、传记、诗文、医书及其他类图书共约 34 种。其中，尤以艺术图谱而闻名，经胡正言等人印制的艺术图谱，堪称画、刻、印三绝。

为何会刊刻《十竹斋笺谱》呢？胡正言自己没有留下文字说明。其友人李于坚在《笺谱小引》中道出一二："时秋清之霁，过其十竹斋中，绿玉沉窗，缥帙散榻，茗香静对间，出所镌笺谱为玩，一展卷而目艳心赏，信非天孙七襄手，曷克办此？曰从庄语余曰：'兹不敏代耕具也。家世著书，不屑畚粝，忆昔堂上修髓之供，此日屋下生聚之赡，于是托焉，何能不私一艺而耻雕虫耶？'余闻而起敬曰：'诚如君言，柔翰自人文，攸赖与天章云汉并丽无穷，宁得谓伤巧乎？'遂观卒业。"可见，胡正言在笺谱刊刻方面投入如此大的精力，也是借此寄托一种情怀，自己并不是特别看重，甚至认为是辱没先人。但李于坚却不以为然，认为刊刻笺谱之举并非传统意义上的雕虫小技，而是足可与天地文章相提并论的大功德。

李克恭在《十竹斋笺谱》序中曾说："粤稽竹素浸兴，久当致饰，菁华既溢，盛则必传。自十竹斋之笺，后先叠出，四方赏鉴，轻车重马，笥运邮传，不独江南纸贵而已。所以然者，非第重笺，因人以及笺也。人何氏斯，斋内主人曰从氏，胡次公也。次公家著清风，门无俗履，出尘标格，雅与竹宜。尝种翠筠十余竿于楣间，听夕博古，对此自娱，因以十竹名斋。斋中所藏奇书错玩，种类非一。尝与先祖如真翁商六书之学，摩蹁钟鼎石鼓，旁及诸家。于是篆隶真行，一时独步。而兼好绘事，遇有佳者，即镂诸板，公诸同好，笺之流布，久且多矣，然未作谱也。间作小谱数册，花鸟竹石，各以类分，靡非佳胜，然未有全谱也。近始作全谱，谱成，问叙于予曰：'题词不喜泛泛，惟好之深者，始有情至之词。君雅好此，而不一抒写其所欲言，能恝然乎？'予乃许诺，爰纵笔而臆言之。"可见胡正言早年就有笺纸的制作，而且种类繁多，广受文人的喜欢，流布于世间。在十竹斋的另一部刊物《重订四六鸳鸯谱》中，有孔尚蒙作于崇祯七年（1634）的序文，也曾提及："曰从氏斋头，秘笈灵笺，奇葩异卉，宇内共宝。"十竹斋笺纸，当时为钱士升、傅山等人所用，均为边框花笺。《十竹斋书画谱》"题梅花"这页，也使用了"十竹斋琅玕笺"。《十美词纪》中记载的清代金陵名妓卞赛与沙才，她们皆擅诗画，常用十竹斋小花笺或阊门云母笺题诗索和，精雅别致。但之前胡正言一直没有将笺汇集成册为笺谱，这一次终于实现。

二、十竹斋笺谱内容

《十竹斋笺谱》共有四卷，收笺283幅。相比《萝轩变古笺谱》内容更加丰富多彩。第一卷包括清供、华石、博古、画诗各8种笺画，奇石、隐逸、写生各10种笺画；第二卷包括龙种笺9种，胜览笺8种，入林笺10种，无华、凤子、折赠各8种笺，墨友笺10种，雅玩、如兰各8种笺；第三卷的内容极为丰富，包括孺慕、棣华、应求、闺则、敏学、极修、尚志、伟度、高标各8种笺画；第四卷包括建义、寿征、灵瑞、香雪、韵叟、宝素、文佩各 8 种笺画，另有杂稿笺 16 种。

卷一

"清供笺"图案多为古器皿，如鼎、尊、罍、壶、瓽、篮等，亦有拂尘、如意、羽扇、珊瑚、翎毛、画轴等文玩，还有荷花、佛手、莲蓬等花果。凡节日、祭祀，都会以清香的鲜花、果蔬等清雅之物做供品，谓之清供。此套笺画设色淡雅明快，极尽隽雅之能事。8 幅笺画均以拱花法，或突出器物上的纹饰，或表现花瓣的层次、羽毛的质感、赏石的纹路。

华石笺　中国国家图书馆藏

"华石笺"绘紫薇、桂花、梅花、桃花、辛夷、菊花、水仙、海棠 8 种花，又以 8 种奇石与之相配。奇石孔窍剔透，各具姿态，花石浑然一体，古雅可爱。笺画均采用小写意画法，形神兼备。"紫薇""桂花""菊花""海棠"四笺用没骨手法，其余四笺勾勒轮廓，后施颜色；怪石除水仙一图外，均以淡墨勾出外形，再以水墨或淡彩罩染。通体以冷色调为主，具有绝尘脱俗之感。第一幅"紫薇笺"上题："胡曰从临高三益先生笔意十种。"可见原作应为 10 种，笺谱只收录了 8 种。

"博古笺"8 幅，均绘制具有古意之青铜器皿，所选风格与"清供笺"大略一致，从中领略周鼎商彝之遗风。8 幅笺画均采用工笔画法，线条细腻，器物形态逼真，造型准确。笺画以拱花法印出器皿轮廓及纹饰，部分器皿图案完全以素色砑印而出，增强了器物的凹凸感和立体感。

"画诗笺"与《萝轩变古笺谱》里的画诗题材一致，都是山水画意境的表达。所选诗词也皆为唐代著名的诗词，如"山色四时碧，湖光一望青""潮平两岸阔，风正一帆悬""花远重重树，云轻处处山""山水开精舍，琴书列几筵""明月松间照，清泉石上流""窗拂垂杨暖，阶侵瀑水寒""入门穿竹径，留客听山泉""塔影挂青汉，钟声和白云"。山水皆以白描的形式绘出，不施彩色，而其中山间缭绕的云雾或是波光粼粼的水纹都是以白拱的形式印制。

"奇石笺"画浪击波涤形成的多孔而玲珑剔透的太湖石为主的景观石。这些天然美石，一经艺术家之手，再现于纸上，缀以

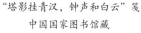

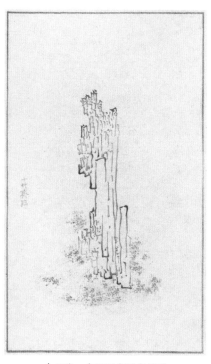

"塔影挂青汉，钟声和白云"笺
中国国家图书馆藏

奇石笺　中国国家图书馆藏

不同的花草，更加情趣盎然，如苏州园林中的小景。此套笺画绘制方式类似"华石笺"，均采用小写意画法，形神兼备。题款上都署"十竹斋临"，还有两幅则分别署"凌五云为十竹主人写""十竹斋临五云先生笔"字样，说明参与笺谱设计、刊刻的并非胡正言一人，而是有不少志同道合的朋友，凌五云即其一也。五云是凌云翰的字，其人擅画山水，《笺谱》中收录其设计的样张也是顺理成章。

韩康笺
中国国家图书馆藏

　　"隐逸笺"所绘为10位历史上著名的隐居高洁之士，分别为：
韩康、严光、黄石公、陆羽、安期生、列子、汉阴丈人、披裘公、
林逋、陶渊明。每笺先绘人物，再题相应人物姓名，另有诗句或
判词相配。

　　"韩康笺"画韩康身背药锄药篓，神态安详，题为"羽盖徒
相顾，云山畅独行"。韩康，字伯休，东汉霸陵人。在山中采药，
到长安市上出售，30多年言不二价。恒帝闻其贤，派人请他做官，
康却遁入霸陵山中，隐而不出。羽盖指古代以鸟羽为装饰的车盖，
是身份的象征。

"子陵笺"画题为"星辉犹灿烂，山色自崔嵬"。子陵是指东汉严光，字子陵，曾与刘秀为同学，刘秀招其到洛阳任谏议大夫，严光辞谢而归隐于富春江。笺画作子陵坐于草垫上垂钓之乐。范仲淹《严先生祠堂记》中"归江湖，得圣人之清，泥涂轩冕"和题款相印证，彰显其高风亮节。

"黄石公笺"画捧书视履的老者，上题"千载传黄石，嘉名意隐藏"，这里黄石公指的是圮上老人。

"陆羽笺"绘茶圣陆羽烹茶，地上摆放风炉、水钵、羽扇等茶具，画上题"味水情何淡，居尘意不同"，寓意以淡泊明志。

"安期生笺"作安期生提篮手拿锄头的采药图，上题为"学道河湄上，仙游蓬岛中"。安期生其实是传说中的秦时琅琊埠乡仙人，曾在海上卖药，人称"千岁翁"。《史记·封禅书》中说："汉武帝曾遣人入海，访求蓬莱仙人安期生，而未可得。"

"列子笺"绘道家代表人物列子观蕉鹿，题云"谈笑蕉鹿梦，不愿世人知"。"蕉鹿"典出《列子·周穆王》：郑国有一樵夫在旷野遇到一只受惊的鹿，将其打死，怕人看见，藏于城壕之中，蕉叶覆盖，过一会儿忘了自己藏哪，以为是梦一场。后即用"蕉鹿"指梦幻。

"汉阴丈人笺"绘老者抱一瓮，题"听言微子贡，谁契此冲襟"。这里讲的其实是《庄子·天地篇》中"抱瓮灌畦"的典故：子贡过汉阴，见一丈人凿隧入井，抱瓮灌畦，问其有省事的办法为何不用呢？丈人答道："图机巧者必心不正，心不正则道不成也。吾非不知，羞而不为也。"

写生笺　中国国家图书馆藏　　　　　　鳌鱼笺　中国国家图书馆藏

　　"披裘公笺"绘一老翁衣着褴褛背负着柴火，地上有遗金而
不顾，上题"甘为负薪老，宁是取金人"。说的是春秋时一老翁
以砍柴为生，季子出游，见路有遗金，对老者说：这里有金子，
快来拿。但是老者说：似我五月披裘而负薪，岂是路拾遗金之人
呢？后以五月披裘比喻清廉、高洁之人。

　　"林逋笺"作携童折枝，题"浩渺西湖水，青山真可栖"。
这里是讲林和靖隐居西湖，"梅妻鹤子"的故事。

　　"陶潜笺"绘陶潜策杖带童子去采菊，题"青山烟欲暝，扶
筇一醉归"。

　　"写生笺"以小写意的手法绘梅花、绣球、虎耳草、玉兰、
水仙、荷花、芙蓉、海棠、山茶、栀子，诗中花卉，清雨风露，
各呈风采。笺上题有"高友""高阳"写于十竹斋、"胡曰从临""秋

凌烟阁笺　中国国家图书馆藏　　凤池笺　中国国家图书馆藏　　朱帔笺　中国国家图书馆藏

奕轩作"，可见很多画稿源于胡氏的画友。

卷二

"龙种笺"绘龙生九子：蟋蝎、鳌鱼、螭虎、饕餮、金猊、宪章、蚍蟏、椒图、蟊蛤。图案与《萝轩变古笺谱》完全一致，只是顺序略有区别：《萝轩变古笺谱》纯为白拱花印制，而《十竹斋笺谱》则施以颜色，且添加背景。这一方面说明龙种是明末笺画的主要题材，另一方面也说明胡正言或是从吴发祥的制笺上取得一些经验。

"胜览笺"8种，绘8处古代实景或传说中胜景。笺画设计颇为别致，圆角单线边框居于笺纸正中，框内为亭台楼阁、山水云霞，恰似窗外之景。8种景观分别为：云来宫阙、玉洞桃花、虞庭卿云、凌烟阁、凤池、三壶、玄岳藏书、兰台。"云来宫阙

喜霁笺　中国国家图书馆藏

杏燕笺　中国国家图书馆藏

笺"绘制传说中的仙山蓬莱的宫殿。"玉洞桃花笺"绘仙人隐居
之地的桃源，还有一只梅花鹿出没。"虞庭卿云笺"为虞舜宫殿
上的祥云，象征圣朝吉祥。"凌烟阁笺"是指唐太宗让阎立本将
开国功臣长孙无忌、杜如晦、魏征、尉迟敬德等24人画于凌烟阁，
以纪念他们的丰功伟绩。"凤池笺"讲的是魏晋时中书省掌管
一切机要，因接近皇帝，故名凤凰池。"三壶笺"绘三座仙山，《搜
神记》中称："三壶者，海中三山也。一曰方壶，二曰蓬莱，三
曰瀛壶。山形似壶，故曰壶也。""玄岳藏书笺"绘曲径通幽之
处，有书函堆集于石桌之上。这里指的是武当山藏书之处所。"兰

台笺"画古松盘桓，一楼一台巍然矗立于彩云之下，颇为宏伟庄严。"兰台"为战国楚之台名，宋玉《风赋》："楚襄王游于兰台之宫，宋玉景差侍，有风飒然而至。"

"入林笺"以竹子寓意归隐林下之意，王维诗中有"坐觉器尘远，思君共入林"。分写10种竹子在光风霁月、烟云雨露等气象中的婀娜姿态，名曰：朱皴、回风、聚翠、印月、凝露、笼烟、快雪、贮云、带雨、喜霁，具有诗情画意的词句。构图巧思，色彩轻柔，笔简意赅。尤其是朱皴笺最为精彩，以浓淡朱色绘竹。

"无华笺"如其名字一般，全用白拱砑出，不施色彩，达到了"绚烂至极，归于平淡"境界。可以看到每张细腻而精致地砑出两种不同的花卉，包括丁香、桃花、月季、海棠、石榴花、萱花、荷花、紫薇、野菊、枸杞、菊花、芙蓉、剪秋罗、鸢尾、山茶、水仙16种立体的素白花卉，或折枝或扎束。宁静素雅，通过光线的变化欣赏这种素拱花别具韵味。

"凤子笺"绘制美丽的蝴蝶与落叶、飞花一起。古人将蝴蝶之硕大而美丽者称为凤子，即蛱蝶。南朝诗人沈约有《领边绣》："紫丝飞凤子，结缕坐花儿。"所绘蝴蝶色彩斑斓与"无华笺"对比强烈，各具特色。

"折赠笺"取折取花枝，赠送友人之意。《萝轩变古笺谱》也有"折赠"12幅，但全以双勾的形式画出。而《十竹斋笺谱》中的8幅"折赠笺"分别绘花卉两株，有主副、前后之别，绘制手法以小写意为主，双钩、没骨并用，分别为：荷花紫薇、芙蓉桂花、水仙梅花、牡丹榆叶梅、玉兰海棠、黄菊墨菊、兰花灵芝、老梅新枝。水墨重彩兼用，饾版拱花共施，色调柔和秀润，浑然一体，比《萝轩变古笺谱》更妙绝。

"墨友笺"都是以花寓人：梅花为"清友"，西府海棠为"名友"，菊花为"佳友"，桂花为"仙友"，牡丹为"艳友"，栀子花为"禅友"，荷花为"浮友"，玳玳花为"雅友"，蔷薇为"韵友"，绣球为"殊友"。可谓含蓄雅致，意蕴深远。笺画全以水墨小写意绘制，与文人追求精神相契合。

"雅玩笺"绘十竹斋主珍藏器物 8 件。与卷一"清供笺"所不同的是："清供笺"多为青铜器皿如彝、尊、鼎、簋等，而"雅玩笺"则多为名瓷器物，如杯、盘、碗、盂等。8 幅笺画中有 7 幅运用拱花技法，其中 2 幅类似"无华笺"，器皿图案几近素色，只于花纹处略敷颜色，堪称匠心独具。

"如兰笺"典出《周易·系辞上》，其云："二人同心，其利断金。同心之言，其臭如兰。""臭"通"嗅"，唐孔颖达注云："言二人同齐其心，吐发言语，氤氲臭气，香馥如兰也。"笺绘 8 幅墨兰或倒悬于绝壁，或傍生于美石，或与林芝、竹相伴，姿态婀娜。"如兰笺"多为胡正言临摹之作，如第一幅署"十竹斋临公调笔意"；第二幅署"乙酉春日十竹斋临周公调先生笔意"；第八幅署"周萧写似十竹主人"，"似"是奉赠的意思，可见这是周萧主动为胡正言绘制的笺画。题字下钤"公""调"连珠印，可知周萧、周公调为一人，此人擅写兰草，用笔纯熟老到，实开"扬州八怪"之先河。从笺画的题署推测，周公调与胡正言志同道合，胡正言对其兰草推崇备至，所临之作，盖亦以周公调为蓝本。

德星聚笺　中国国家图书馆藏

卷三

卷三内容全是讲仁义礼智信的故事，反映了儒家思想的传统思想。

第一部分"儒慕笺"出自 8 个古代孝敬父母的典故。分别为：反映虞舜孝行感动世人的历耕笺，赞美不记后母之恶的闵子骞的闵骞笺，表现孟宗孝感天地"哭竹生笋"的孟竹笺，彰显伯俞奉行孝道而泣杖的俞杖笺，表现老莱子取悦父母的莱衣笺，表现黄香为父扇枕消夏的扇枕笺，描绘陆绩怀揣橘子准备孝敬母亲的陆橘笺，刻画子路为奉养父母而在外谋求禄米的负米笺。笺画以物代事，用了借代的修辞手法，而不表现故事本身。如"历耕笺"绘舜赡养父母，耕作的历山之风景，"闵辔笺"仅绘一车辆，"孟竹笺"则为竹石和新笋，"俞杖笺"则为一竹杖，"莱衣笺"为一件彩色衣裳，"扇枕笺"则为蒲扇和枕头，"陆橘笺"则为一枚席上的橘子，"负米笺"则为藤杖和包袱，可谓"窥一斑而见全豹"。

"棣华笺"典出《诗经·小雅·常棣》，其辞曰："常棣之华，鄂不韡韡。凡今之人，莫如兄弟。"后便以"棣华"喻兄弟、朋友之情。此组笺选择表现兄弟之情的品行。

"德星聚笺"讲古代以景星、岁星等为德星，认为国有道有福、或有贤人出现，则德星现。德星聚，标志着众贤聚会。《异苑》中说"陈从诸子侄共访荀季和父子，太史向朝廷启奏说：五百里内有贤人相聚"。陈寔，字仲弓，东汉桓帝时有贤名。其子陈纪，字元方；陈谌，字季方，与父并有高名，时称"三君"。荀季和，名荀淑，东汉颍阴（今河南许昌）人，生子八并有才名，时人称作"八龙"。图作德星闪烁祥云之中。

"投烛无忤笺"写晋代周顗、周嵩。周顗，字伯仁，晋安成（今属江西）人。少有重名而其弟周嵩不服。一次，嵩怒对顗说："你的才能远不及我，何以得贤名？"并投烛于地！周顗泰然不怒不辩，世人反更敬之。图作燃烛斜落于地。

"共被笺"图作共衾的锦被，指同被而寝，亦谓亲如兄弟。《后汉书·姜肱传》：姜肱，字伯淮，与弟仲海、季江俱以孝行著闻，常与共被同眠。桓帝曾召肱为官，肱隐青州不就，年逾七十，终于林下。

"田荆笺"画作荆树一株。据南朝梁吴均《续齐谐记·紫荆树》：田真兄弟三人分家，拟将庭前一棵紫荆树分成三份。第二天，树即枯死。田真大惊，对兄弟说："树本同株，闻将分斫，所以憔悴，是人不如木也。"兄弟感悟，遂合产和好，树亦复茂。后因以"田荆"为兄弟和好之典实。

"融梨笺"绘盘中梨子一个，就是描写家喻户晓的孔融让梨的故事，传为幼童明理和兄弟谦让之典。

"义竹笺"图作繁茂的丛竹，典出五代王仁裕《开元天宝遗事·义竹》：帝（唐玄宗）游后苑，有竹丛密，笋不出外。帝顾诸王曰："父子兄弟相亲，当如此竹。""紫芝眉宇笺"绘灵芝三棵，典出《新唐书·卓行传·元德秀》：元德秀，字紫芝，河南人。质厚少缘饰……德秀善文辞，作《蹇士赋》以自况。房琯每见德秀，叹息曰："见紫芝眉宇，使人名利之心都尽。"后因用"紫芝眉宇"为称颂人德行高洁之词。

"解剑笺"图作季札之剑，《史记·吴太伯世家》："季札之初使，北过徐君。徐君好季札剑，口弗敢言。季札心知之，为使上国，未献。还至徐，徐君已死，于是乃解其宝剑，系之徐君家树而去。"后以"解剑"为不违心诺之典。

"应求笺"8种。《易，乾》："同声相应，同气相求。"此组笺画写君臣相互依存，朋友之间相互熏陶、相互敬重的故事。如：比喻君子之交如兰之相聚，清芬高洁的"如兰笺"；表现陈蕃礼贤重才、优待宾客的"下榻笺"；寓意君臣际会、朋友相得益彰的"云龙笺";表现蔡邕热情迎客的"倒屣笺";表现"人之好我,云我周行",寓意贤者引人以正道的"周行笺";寓意"投我以木瓜,报之以琼琚",礼尚往来的"木瓜笺";表现热情好客的"拥彗"笺;表现孔子路遇程子,一见如故的"倾盖笺"。

"闺则笺"指古代女子应当遵守或崇尚的行为规则,笺绘八例古代女子妇德之典故。如"宿瘤笺"绘宿瘤女采桑所用竹篮,用齐闵王遇宿瘤女,因其贤淑立为皇后并在皇后助谏之下勤政爱民,齐国实现大治之事。后以"宿瘤"为容貌不佳却贤惠的妇女典范。"熊丸笺"绘书案、文房用具以及几粒丸药,典出唐人柳仲郢幼年读书,其母以熊胆制丸,防其读书犯困。"摽梅笺"图绘一青梅,以梅子成熟落地而寓意女子适龄当嫁。"睢鸠笺"绘两只水鸟顾盼嬉戏,寓意爱情的忠贞美好。"孟机笺"绘屏风下织布之机,用孟轲母亲"断机教子"典故,寓意母亲督促子女勤奋好学,不可半途而废。"杂佩笺"画一束秋兰及其他花卉为玉的佩饰,出自《诗经》"知子之来之,杂佩以赠之",寓意夫妇互戒互勉。"鸡鸣笺"寓意妻子催促丈夫早起,不图安逸事。"举案笺"绘梁鸿、孟光互敬互爱,"举案齐眉"的故事。

"敏学笺"一组取自《论语·学而》:"吾非生而知之者,好古敏以求之者也。"《论语·公冶长》亦云:"敏而好学,不耻下问,是以谓之'文'也。"此组笺即绘8则古人勤学之故事,分别为:邺架、挂角、铁砚、青灯、警枕、书绅、笔花、负笈。

"邺架笺"图作几案和书架,典出《邺侯家传》。李泌(722—789),字长源。7岁能文,及长,博学多艺。唐玄宗时任宰相,

孟机笺　中国国家图书馆藏

封邺侯。家富藏书，世称"邺架"。韩愈有诗云："邺侯家多书，插架三万轴。"

"挂角笺"图作挂书牛角之上，写隋人李密"挂角读书"的故事。李密，字玄邃，襄平人。《唐书·李密传》："密闻包恺在绥山，往从之。以蒲（草席）乘牛，挂汉书一帙于角上，且行且读。杨素（隋大臣）见于道，蹑其后问所读。曰：《项羽传》。素奇之。"

"铁研笺"中，研同砚。铁砚，生铁铸成之砚。此写桑维翰志学的故事。桑维翰，字国侨，五代时人。初举进士，主司恶其姓，被黜。有人劝其改业，维翰铸铁砚明志：砚不磨穿，誓不移志。勤学不辍，终成著名学者。图画铁砚及毛笔、卷轴等。

"青灯笺"绘一油灯下一翻开的古书。唐代韦应物诗云"坐使青灯晓"，宋代陆游诗云"青灯有味似儿时"，齐白石经常以此句绘画。

"警枕笺"绘一截圆木和书本，典故出自《资治通鉴·后梁均王贞明五年》："钱镠自小但未尝寐，倦极则就圆木小枕，或枕大铃，寐熟则敧而寤。"

"书绅笺"图作绅带，上面写有"言忠信，行笃敬"六字。此典出自《论语》："子张问行。子曰：言忠信，行笃敬。蛮貊之邦行矣；言不忠信，行不笃敬，虽州里行乎哉！"子张书出绅。邢昺疏："绅，大带也。子张以孔子之言书之绅带，意其佩服无忽忘也。"后用来指把重要的训言记下来，以防遗忘。

"笔花笺"绘文房清玩，其中"妙笔生花"出自王仁裕《开元天宝遗事·梦笔头生花》："李太白少时，梦所用之笔头上生花，后天才赡逸，闻名天下。"后以"梦笔生花"来比喻文人之才思。"负笈笺"绘书箱和担杖等物，出自《晋书·王裒传》："北海郇春，少立志操，寒苦自居，负笈游学。"后喻学人不畏艰苦，外出求学。

"极修笺"中的"极"为至、最之意；"修"，可作钻研、学习，亦有修养之意。"极修"，犹言通过刻苦修炼而达到最高境界。这组笺画包括调羹、尚友、韦简、洪范、玄圭、爻画、典谟、铭盘。

"调羹笺"绘食鼎、汤勺、美食各一，寓意"和鼎调羹"，比喻大臣辅佐君主治理国家。《尚书·说命》："若作和羹，尔惟盐梅。"

"尚友笺"图作案置古书多卷。"尚"通"上"，谓上与古人做朋友。《孟子》："以友天下之善士为未足，又尚论古之人；颂其诗，读其书，不知其人可乎？是以论其世也，是尚友也。"

"韦简笺"绘竹简韦一段。古代用竹简写书，用熟牛皮条把竹简编联起来叫"韦编"。《史记·孔子世家》："孔子晚而喜《易》……读《易》，韦编三绝。""韦编"与"尚友"皆寓劝导人们多读书之意。

"洪范笺"绘神秘图案"河图"，传为伏羲所作。旧传商末箕子作《洪范》以述天地的大法。

"玄圭笺"绘制一黑色的玉圭置于锦袱之上。玉圭上尖下方，古代用以赏赐建立特殊功绩的人。孔传："玄，天色，禹功尽加于四海，故尧赐玄圭以彰显之。"

"爻画笺"绘阴阳八卦核心——"阴阳鱼"，是《易》卦的基本符号。

"典谟笺"绘竹简置于书案之上，寓意时刻牢记先哲训诫。许慎《说文解字》："五帝之书曰五典，五帝之常道也。"典谟是《尚书》中《尧典》《舜典》《大禹谟》《皋陶谟》等篇的并称。《尚书·书序》："典谟训诰誓命之文凡百篇，所以恢弘至道，示人主以轨范也。"图作典谟成竹简之状放置书案上。

"铭盘笺"画三足古盘，云纹雅丽，出自《吕氏春秋·铭旌慎势》"功名著乎盘盂，铭篆著乎壶鉴"语。将记功、记事或颂诚之文，刻在盘上，叫作"铭盘"。在器皿本身形质之美外，并有颂祝或警诫之意。

"尚志笺"一组8种，绘8位古人之风范，以景喻人。分别为：蠡湖、柳下、渭钓、耕莘、南阳庐、筑岩、洙泗、赤松。"蠡湖笺"，蠡湖为湖名，在江苏无锡市西南，相传春秋越国范蠡伐吴时所开凿。"范蠡既佐越王勾践灭吴，以越王不可共安乐，弃官远去。"（《史记·越王勾践世家》）图作扁舟隐于湖山一望中，暗喻范蠡的故事。

"柳下笺"绘柳下草堂，颇富农桑之趣。出典春秋时鲁国大夫展获，字季，曾为士师官，食邑柳下，被称为柳下惠。相传他与一女子共坐一夜，不曾淫乱。后用以借指有操行的男子。

"渭钓笺"图作借笠钓竿。相传周初吕尚（姜子牙）用无饵直钩在渭水边钓鱼，后将这个故事演绎为一句人人皆知的歇后语：姜太公钓鱼——愿者上钩。寓意做事要顺乎自然，不要违背人们的意愿。又谓文王访贤。

"耕莘笺"绘耕作用的犁耙。这里是指相传伊尹佐商伐夏桀曾耕于有莘之野，隐居乐道。后以"耕莘"喻安于隐居躬耕。

"南阳庐笺"绘群山环抱、树木葱茏中有一草庐掩映其间，反映了诸葛亮的故事。《三国志·诸葛亮传》："亮躬耕陇亩，好为《梁父吟》。身长八尺，每自比于管仲、乐毅，时人莫之许也。"

"筑岩笺"指殷高祖大臣傅说在傅岩从事土木营造之事。"筑岩"后指贤士隐居待时，此笺绘锄杵和筑版工具。

蓠菊笺　中国国家图书馆藏

"洙泗笺"绘河流与杏林。洙泗为二水，在山东境内，孔子曾在此地聚徒讲学，后以"洙泗"代称孔子和儒家。

"赤松笺"绘一遒劲雄健之赤松，下有道家炼丹之用具，喻赤松子故事。赤松子又名赤诵子，即神话传说中的上古仙人，相传为神农时雨师，教神农祛病延年之术。《淮南子·齐俗》："今夫王乔、赤诵子，吹呕呼吸，吐故纳新，遗形去智，抱素反真，以游玄眇，上通云天。"

"伟度笺"皆绘历代先贤及其逸事典故，分别为：周莲、鹅经、兔胄、虞琴、陶巾、羽扇、谢屐、卢椀。《续资治通鉴·宋太祖开宝四年》云："江南君臣闻之，皆震骇，服帝伟度。"《明史·王祎传》云："幼敏慧，及长，身长岳立，屹有伟度。"表现先贤的宏伟气度。这8组笺画也是皆不画人物，而是以物喻人。如莲花指代《爱莲说》的周敦颐，以经换鹅为王羲之，盔甲代唐代大将郭子仪，五弦琴指虞舜，陶巾为陶渊明，羽扇喻诸葛亮，木屐代谢灵运。而最有意思的是"卢椀笺"的椀同碗，这里应该是以茶具代指酷爱品茶的唐代诗人卢仝。但笺上所绘为海棠盘盛六方高执壶和冰裂纹方斗杯，本为标准的酒具。随着高度的蒸馏白酒自元代流入中原，饮酒由碗改杯，明代时茶酒器已出现混用现象。

"高标笺"意为出类拔萃、清高脱俗之风范。南朝宋刘义庆《世说新语·德行》："李元礼风格秀整，高自标持。"此组亦有笺画8幅，以物喻古人品性高洁，分别为：冰鉴、达旦、齐马、思鲈、四知、麦舟、篱菊、采药。

"冰鉴笺"作鉴和镜各一，寓意明察事理。

"达旦笺"绘秉烛读书场景，典出关羽在刘备夫人户外读书，通宵达旦，破除曹操奸计。后以"秉烛达旦"形容贤明勤勉不懈。

"齐马笺"绘瘦马一匹。周时（昼夜）驾金路（辂）之马，即所谓"金路驾齐马"。

"思鲈笺"绘鲈鱼一尾，典出南朝《世说新语·笺疏》中卷上《识鉴》："张季鹰辟齐王东曹掾，在洛见秋风起，因思吴中菰菜羹、鲈鱼脍，曰：人生贵得适意尔，何能羁宦数千里以要名爵！遂命驾便归。"后以"思鲈菰"寓意思乡归隐。

"四知笺"绘一盆中装金元宝一只，隐喻杨震重德轻金的高尚品质。《后汉书·杨震传》载，杨震上任时道经昌邑，县令王密夜间怀揣十斤黄金送给杨震，杨震不受，王密说夜间无人知晓，杨震正色曰："天知，神知，我知，子知。何谓无知！"王密羞愧而出。后以"四知"代表廉洁自持、不受非义馈赠。

"麦舟笺"绘岸边停的一小舟，讲的是范仲淹之子范尧夫义赠麦舟的故事。有一次他到苏州取一船麦子，于丹阳遇到故人石曼卿。石氏正愁无力举丧，范便将载麦子500斛的船慷慨相赠。"麦舟"则寓意赙赠助丧。

"篱菊笺"绘篱笆之菊花，指陶渊明的"采菊东篱下，悠然见南山"的田园生活。

"采药笺"绘采药所需的锄头与提篮，也是寓指避世生活。正如李白道："归去来兮，人间不可以托些，吾将采药于蓬莱。"

卷四

《十竹斋笺谱》（卷四）包括建义笺、寿征笺、灵瑞笺、香雪笺、韵叟笺、宝素笺、文佩笺各8种，另有杂稿笺12种。

"建义笺"原是对事情的处置、办理提出的具体意见。典出《汉书·贾捐之传》："诸县更叛，连年不定。上与有司议大发军，捐之建议，以为不当。"讲述古代贤士守节、尽职之典，有建议人们从中感悟做人做事的道理之寓。"建义笺"分别描绘了8个建功立业的故事，分别为：焚券、投笔、汉节、铜柱、金縢、遗棠、丹书、补衮。

"焚券笺"绘制了正在焚烧的债契。说的是战国时，孟尝君遣其门客冯谖去薛地收债，冯至薛，召集债民，假托孟尝君之命，以债赐民，当众焚烧债契，民感戴。后孟尝君蒙难，避于薛，受到薛地百姓夹道欢迎。

"投笔笺"上绘一书案，一支毛笔掉落地，这里特指班超投笔从戎的故事。后汉班超常为官佣书而食，叹曰："大丈夫无他志略。"遂投笔从戎，立功西域，封定远侯。

"汉节笺"是指苏武出使匈奴的故事。汉武帝天汉元年，苏武以中郎将使持节出使匈奴，单于不让他返汉，欲劝其降，武坚贞不屈，持汉节牧羊于北海畔 19 年，始元六年得归，须发尽白。后以苏武节用作忠臣的典故，图作苏武所持的"汉节"，汉天子所授予的符节。

"铜柱笺"上绘雕龙铜柱。此写东汉马援平定交趾（五岭以南），立铜柱，为汉之边界。

"金縢笺"中"金縢"为金属制的带子将收藏书契的柜封存，亦指收藏书契之柜。《书·金縢》：武王有疾，周公作策书告神，请代武王死。事毕纳出于金縢之柜。后以"金縢功"为忠心事君之典。

"遗棠笺"绘一屋于海棠之下，典出《诗经·召南·甘棠》：召公执政时期，政通人和，国家安定，召公出行时，为了不加重百姓负担，只在一棵棠梨树下处理政务和诉讼。人们为了纪念召公，不舍得砍伐这棵棠梨树，将其命名为"甘棠"。此笺所绘"遗棠"即喻指召公留下的盛德惠政。

"丹书笺"绘丹书一佚，古代记载古圣遗训之书叫作"丹书"。《大戴礼》：武王召尚父问曰：黄帝、颛顼之道存乎？问又曰：

在《丹书》。

"补衮笺"典出《诗经·大雅·烝民》：仲山甫个人修养极高，受人尊崇，在朝廷中举足轻重，被称为"补衮之臣"。笺画所绘为一件华丽的衮服，该服本为天子所穿，此指天子本身，"补衮"即补救天子过错之意。

"寿征笺"寓意长寿，为祥瑞之意。此组笺绘刻了8种在古人看来代表长寿的事物，分别为青鸟、大椿、南极、蟠桃、龙杖、海屋、雪藕、铜狄。

"蟠桃笺"绘一株树上结一仙桃，食之者寿可千年。《汉武内传》："七月七日，西王母降，以仙桃四颗与帝。此桃三千年一生实。"

"南极笺"画为"南极星"，闪耀在白拱花的云纹中。旧时认为南极星主寿故称"寿星"，常用于祝寿时称颂主人。

"铜狄笺"画一容貌、服装皆是异邦之式的铜人。《汉书·五行志下之上》："史记秦始二十六年，有大人长五丈，五履六尺，皆夷狄服，凡十二人，见于临洮……是岁始初并六国，反喜以为瑞，销天下兵器，作金人十二以象之。"后因称"铜人"为"铜狄"。可见"铜狄"为祥瑞之象。

"海屋笺"绘一阁楼隐现在波涛起伏的海浪之中，"海屋"传是神仙居住的地方。《东坡志林》：有三老相遇，互问年庚。其中一老说："沧海每次一变桑田，吾便更筹以记之，今满十筹矣。"此即为"海屋添筹"的传说。"海屋添筹"，原谓长寿，后以为祝寿之词。

"青鸟笺"绘一只回眸的青鸟。神话传说中青鸟为西王母取食、传信的神鸟。《汉武帝故事》：七月七日，忽有寿鸟飞集殿前，有顷，西王母果然降临，青鸟侍立王母左右。唐李商隐《无题》诗："蓬莱此去无多路，青鸟殷勤为探看。"由此可知"青鸟"也是吉祥之兆。

"大椿笺"绘一仙芝生于大椿之下。古寓言中的木名，以16000岁为一年。《庄子·逍遥游》："上古有大椿者，以八千岁为春，以八千岁为秋。"后用以喻指父亲。故"大椿"是男性长寿的象征。

"龙杖笺"典出《后汉书·方术传下·费长房》：汝南人，姓费名长房者，于市井中遇一卖药翁。老翁给他一竹杖，说：骑着它，能到你想去的地方，到了目的地，可将其投入际涯间。长房乘杖，须臾归来，即投杖于涯间，顾视则龙也。寓意得此杖可登仙，与日月同寿。笺画作杖化为龙飞向云天的场景。

"雪藕笺"绘白藕置于莲叶之上。笺画以藕喻洁，以洁喻仙，仙寿无量。

"灵瑞笺"绘呈现的祥瑞之象。《汉书》中有"若仍灵瑞符应，又可略闻矣"的记载，后引申为灵异的事物或景象。8种灵瑞笺为：在郊、来仪、金芝、卿云、神龙、紫玉、嘉禾、景星。

"金芝笺"绘金芝丛生青石草地之中。古代传说中金芝为一种仙药，用之长生不老。

"景星笺"绘高山云雾之中的景星。《文子·精诚》："故精诚内形气动于天，景星下，黄龙现，凤凰至，醴泉出，嘉谷生，河不满溢，海不波涌。"看到景星则国泰民安。

"神龙笺"绘一神龙穿梭、隐现于云中。龙本就是传说中的一种神异动物，神龙则更"神"了。旧时谓神龙出现是吉祥之兆。

"嘉禾笺"绘生长茁壮的禾稻。《书·序》："成王时，唐叔得禾，异亩同颖。归周公于东，周公旅天子之命作《嘉禾》。"意为祥瑞。

"在郊笺"绘一只回首的麒麟。传说麒麟为神兽，非太平盛世不可见。

"卿云笺"绘五彩祥云。卿云，又称景云、庆云。《史记·天

凤子笺其一　中国国家图书馆藏

凤子笺其二　中国国家图书馆藏

官书》："若烟非烟，若云非云，郁郁纷纷，萧索轮困，是谓卿云。卿云见，喜气也。"

"紫玉笺"也是讲紫色玉石为祥瑞之物。《宋书·符瑞志下》："黄银紫玉，王者不藏金玉，则黄银紫玉光见深山。"

"来仪笺"画作一五彩凤凰从天而降。语出《书·益利稷》："箫韶九成，凤来仪。"又《后汉书·左雄传》："汉世良吏，于兹为盛，故能降来仪之瑞，建中兴之功。"

"香雪笺"8种都是绘制梅花的。香雪，泛指白色的花，这里特指梅花。清余怀《郑板桥杂记·丽品》："左轩种老梅一树，花时香雪飞拂几榻。"这组笺画用小写意手法以不同颜色，画出不同环境中不同姿态的梅花，韵味十足，香气袭人，令观者赏心悦目，回味无穷。

"韵叟笺"8种，绘情趣风雅的老者。这组笺以简约的墨线绘声绘色地刻画一群老者各尽其乐的情景：或于旷野中枕石著书，或雅兴大作挥毫题壁，或相约话旧，或鸣琴品音，或探梅、访菊、听涛、临流。

"宝素笺"8种，纯以素色"拱花"技艺在宣纸上印出爵、盘、壶、罐、玉玺、书卷、乐器等各种立体的器物，与"无华笺"非常相似。上面还题有"十竹斋珍藏"，可见为胡正言珍藏之格物。

"文佩笺"分绘8种雕琢精美的龙纹玉佩。

《十竹斋笺谱》最后为16幅杂稿笺，可能为后来添加者，其中"青鸟"与"寿征笺"中的"青鸟"相同。这些杂稿笺的题材，大多来自古代诗文，如"沧海月明珠有泪笺""鹤书笺""百

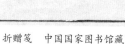

折赠笺　中国国家图书馆藏

思鲈笺　中国国家图书馆藏

川赴巨海，众星环北辰笺""鸾信笺""贞节扶疏""彼如君子心，秉操贯冰霜笺""杏燕笺""寸心凭雁足笺""呦鹿笺""梦蝶笺""天花笺""春涛龙起笺""玉兰笺""苍松不老，双鹤齐名笺"等，虽然难以归类，但也耐人寻味。"沧海月明珠有泪笺"为"沧海遗珠"引申之意，意为人才虽埋没，仍自信自强，力所能及地做有益的事。"鹤书"为古时用于招贤纳士的诏书，而对于百姓则是吉兆。"百川赴巨海，众星环北辰"比喻贤能者必然众望所归。"贞节扶疏"则喻坚贞不移的节操。"彼如君子心，秉操贯冰霜"则是以青松比喻富贵不能淫、威武不能屈的君子。"杏燕"喻为冬去春来，杏花开，燕子衔泥筑巢，抛开烦恼迎接春天。"寸心凭雁足笺"是讲鸿雁传书的故事。其值得称道的是其中一部分为饾版、拱花结合印制，给人以栩栩如生、出神入化之感。

三、笺谱工艺

这正如李克恭在序中所言："十竹诸笺，汇古今之名迹，集艺苑之大成，化旧翻新，穷工极变，毋乃太盛乎？而犹有说也。盖拱花、饾版之兴，五色缤纷，非不灿然夺目，然一味浓装，求其为浓中之淡，淡中之浓，绝不可得，何也？"《十竹斋笺谱》虽比《萝轩变古笺谱》印制时间稍晚，但是不论从内容丰富程度和印刷精美程度都比《萝轩变古笺谱》更为成熟。因而很多人都以为《十竹斋笺谱》开启了饾版和拱花技艺的先河。李克恭序言还提道："饾版有三难：画须大雅，又入时眸，为此中第一义；其次则镌忌剽轻，尤嫌痴钝，易失本稿之神；又次则印拘成法，不悟心裁，恐失天然之韵。去其三疵，备乎众美，而后大巧出焉。"而胡正言乃"笼罩于三者之上而弥漫其间"者，故可以看到笺谱其色彩之浓淡深浅、阴阳向背，与原作形神毕肖，叹为观止。此外王三德在《胡曰从书画谱引》中说胡正言"天性颖异多巧思，所为事无不精绝，他人模仿极力不能。始为墨，继逃墨而为印，为笺，为绘刻，墨多双脊龙样"。可以看到胡正言的从业经历，从制墨开始，而后治印，再后来才制作笺谱。制墨、制印的前期经验，使胡正言在制笺工艺上才可以游刃有余。他大胆地采用生宣纸，并将生宣提前用适量的水浸润后，以"生宣湿纸印刷"达到笔墨淋漓酣畅、墨色浓淡相间、层次清晰丰富。此外在笺谱中运用的线条都极为精细精致，可以看出胡正言对刻工要求极高。刻工雕刻时非常用心，刀功精湛，有的线条细如发丝，并以木刻雕出中国画的笔触。因而《十竹斋笺谱》才配得上"汇古今之名迹，集艺苑之大成"的美誉。

永远的温情
——鲁迅、郑振铎与《十竹斋笺谱》

前一章讲述了《十竹斋笺谱》的历史与文化价值。而《十竹斋笺谱》刻成之时，正值李自成攻陷北京。由于战争，该书原版印数极少，20世纪初国内已难得一见。杜濬《寿序》和温睿临《南疆逸史》都说胡正言30年不下楼，大概胡氏以亡国之臣的身份，避世不出，年过花甲后，他主要致力于篆刻，刻笺等事宜不再为继，十竹斋的笺纸事业也逐渐衰落。同时也一直不曾有人翻刻或复刻，《十竹斋笺谱》并不像《芥子园画传》那样有大量不同版本存世。20世纪30年代，全国仅存世明刻本《十竹斋笺谱》三部，一部原为天津兰泉先生所藏，不料却辗转售出，流入日本"文求堂"；另一部藏在上海狄氏；第三部便是王孝慈先生所珍藏。

王孝慈，原名立承，孝慈是他的字，别署"鸣晦庐主人"。河北通县人。广西政法学堂毕业，历任大总统秘书，政事堂机要局佥事，国务院秘书厅佥事等职。王孝慈是中国版画收藏家，他自小就喜爱中国戏曲和版画，而且肯花大价钱搜购。《十竹斋笺

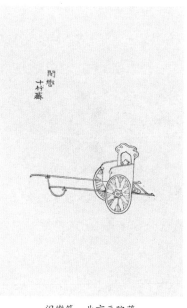

闵辔笺　北京画院藏　　　　　　　　孟竹笺　北京画院藏

谱》是他以大约 800 银圆在北京琉璃厂买下的。这部笺谱，是黄绵纸初印本，虽有缺页和虫蛀的地方，但毕竟是稀世珍籍。王孝慈为了保持书的原貌，特制一樟木盒，把笺谱珍藏起来，矜贵之至，从不轻易示人。

　　郑振铎与王孝慈有搜集中国古代版画的共同爱好，因此成为书友。当郑振铎见到《十竹斋笺谱》时这样评价："人物则潇洒出尘，水木则澹淡恬静，蛱蝶则华彩斑斓，欲飞欲止，博古清玩则典雅清新，若浮出纸面。"（《中国版画史》）在其《略谈中国之彩色版画》一文中又认为"至胡正言出，而彩色套印之风乃大炽"，且认为《十竹斋书画谱》《十竹斋笺谱》二书"实为当时之杰作，乃我国版画史上不朽之双璧。精工秀丽，莫可名状，在套印技术上尤有独到之处"。所以郑振铎先生一直想要翻印此套笺谱。

他最初是想从日本"文求堂"购买《十竹斋笺谱》，但店主觉得奇货可居，匿而不售。后来郑振铎找到王孝慈借得《十竹斋笺谱》，并与鲁迅先生讨论一起翻印此笺谱。郑振铎亲自将书带到上海，送到鲁迅家里。鲁迅看到此笺谱赞誉为"明末清初士大夫清玩文化之最高成就"，此后他极力促成印刷一事。鲁迅在1934年3月写给日本致田增涉信中道："北平雕工、印工现剩下三四人，大部陷入可怜的境遇中，该班人一死，这套技术也就

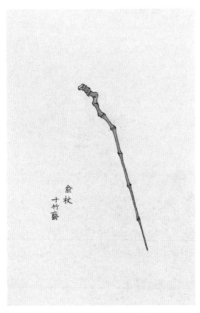

俞杖笺　北京画院藏　　　　　　莱衣笺　北京画院藏

完了。"鲁迅的夙愿也就是希望通过笺谱的翻刻，提高雕、印艺人的技艺，使传统笺谱能够传承下去。

郑振铎在回忆鲁迅先生的一篇《永在的温情——纪念鲁迅先生》的文章中记录了这次笺谱印制的开端："有一次，我到上海来，带回了亡友王孝慈先生所藏的《十竹斋笺谱》四册，顺便地送到他家里给他看。这部谱，刻得极精致，是明末版画里最高的收获。但刻成的年月是崇祯十六年的夏天。所以流传得极少。'这部书似也不妨翻刻一下？'我提议道。那时，我为《北平笺谱》的成功所鼓舞，勇气有余。'好的，好的，不过要赶快做！'他道。"

扇枕笺　北京画院藏

负米笺　北京画院藏

1934 年初，郑振铎从上海回到北平，即与荣宝斋洽商翻刻事宜，并得到了肯定的回答。此后郑振铎和鲁迅书信不断，沟通《十竹斋笺谱》印制事宜。1934 年春，郑振铎回到北平请荣宝斋试刻样品并寄回上海。起初，鲁迅对荣宝斋能否胜任《十竹斋笺谱》这样高水平的艺术品翻刻，尚存怀疑，在 1934 年 2 月 9 日写给郑振铎信中称："先前未见过《十竹斋笺谱》原本，故无从比较，仅就翻本看来，亦颇有趣，翻刻全部，每人一月不过二十余元，我预算可以担任，如先生觉得刻本尚不走样，我以为可以进行，无论如何，总可以复活一部旧书也……但若极细的古刻，北平现在的刻工能否胜任，却还是一个问题。"但当他看到样笺时，疑虑全消，3 月 26 日复信道："《十竹斋笺谱》的山水，复刻极佳，想尚有花卉人物之类，倘然亦殊可观。古之印本，大约多用矿物性颜料，所以历久不褪色，今若用植物性者，则多遇日光，便日见其淡，殊不足以垂远。"可见复刻版本也全用矿物质颜料为了历久弥坚。二人还商量版本，念念不忘制作普及版："另选百二十张以制普及版，也是最要紧的事，这些画，青年作家真应该看看了。"在纸张细节的使用上他们也进行了商讨："旧纸及毛边，最好是不用，盖印行之意，广布者其一，久存者其二，所以纸张须求其耐久。倘办得到，不如用黄罗纹纸，买此种书者必非精穷人，每本贵数毛当不足以馁其气。"此后数月反复选择、比较纸张，分别考虑了"罗甸纸"（与连史纸相类）、毛太纸、日本纸、黄色罗纹纸、染色罗纹纸、毛边纸等，后来敲定用《北平笺谱》那样的真宣。8 月 5 日又复信道："《十竹斋笺谱》笺

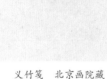

义竹笺　北京画院藏

周行笺　北京画院藏

样花卉最好，这种画法，今之名人就无此手腕；山水刻得也好，但因为画稿本纤巧，所以有些吃力不讨好了。"

　　鲁迅还对出版时间提出了建议："此书最好是赶年内出版，而在九月或十月中，先出珂罗版印者一种。我想：购买者的经济力，也应顾及，如每月出一种，六种在明年六月以内出全，则大多数人力不能及，所以最好是平均两月出一种，使爱好者有回旋的余地。"该书第一卷翻刻耗时整一年，鉴于翻刻进度的缓慢，鲁迅极不满意："但我们的同胞，真也刻的慢，其悠悠然之态，固足令人佩服，然一生中也就做不了多少事，无怪古人之要修仙，盖非此则不能多看书也。"但当鲁迅收到荣宝斋翻印的第一卷时，于 1935 年 4 月 10 日还是以欣喜的心情给郑振铎复信："翻刻成绩确不坏，清朝已少有此种套版佳书，将来也未必再有此刻工和印手。"

鲁迅对此书的校阅极其认真严肃。当时难以找到其他藏本进行校订，仅从书中的记述就发现了问题，他在 1935 年 4 月 10 日致郑振铎信谈道："书中照目录缺四种，但是否真缺，亦一问题，因为此书目录和内容，大约也不一定相合的。例如第二项'华石'第一种上，题云'胡曰从临高三益先生笔意十种'，但只八幅，目录也云'八种'，可见此谱成书时，已有缺少的了。"

在费用方面，《十竹斋笺谱》以版画丛刊会的名义付之荣宝斋每月陆续进行翻印。鲁迅将其编印《北平笺谱》所得 51.7 元作为助印《十竹斋笺谱》的首批费用，并表示愿意承担此后的费用："每月刊刻《十竹斋笺谱》费用，则只要先生将数目通知，仍当案目另寄。"后来又重申："刻工的工钱，是否以前已由先生付出？便中希见告：何月起，每月每人约若干。以便补寄及续寄。"关于定价："《十竹斋笺谱》我想预约只能定为八元，非预约则十二元，盖一者中国人之购买力，恐不大；二者孤本为世所重，新翻则为人所轻，定价太贵，深恐购者裹足不至。其实预约本即最初印，价值原可增大，但中国读者恐未必想到这一著也。"

1934 年 12 月 27 日鲁迅在致郑振铎信上说："《十竹斋笺谱》牌子，另拟一纸呈上，乞酌夺。"可见鲁迅亲自为笺谱的翻刻设计了版权页的"牌子"，并以其手写体印于书上："中华民国二十三年十二月，版画丛刊会假通县王孝慈先生藏本翻印。编者鲁迅、西谛，画者王荣麟，雕者左万川，印者崔毓生、岳海亭，经理其事者北平荣宝斋也。纸墨良好，镌印精工，近时少见，明鉴者知之矣。"

"画者王荣麟"为王宗光，他后来成为荣宝斋的木版水印专家，他主要负责翻刻的第一道非常重要的工序——勾描。而"雕者左万川，印者崔毓生、岳海亭"都是荣宝斋的刻印高手。崔、岳二人是印刷的指导师傅。其实《十竹斋笺谱》的实际印刷者，从头到尾是徐庆儒一人完成的。后来徐庆儒在 1960 年前后被调到上海朵云轩，成为技术骨干。

拥篲笺　北京画院藏

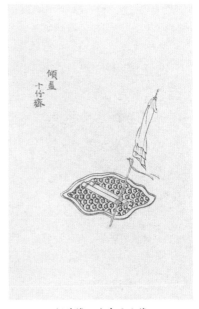

倾盖笺　北京画院藏

宿瘤笺　北京画院藏

　　鲁迅意识到自己的时间不多了，一再嘱咐郑振铎催促荣宝斋加紧完成其余三卷。1934 年 9 月，当第二卷刻好将要印刷之际，鲁迅就致信郑振铎："后之三本，还是催促刻工赶至每五个月刻成一本，如是，则明年年底，可以了结一事了。太久了不好。"1935年 9 月 29 日又致信催询："《十竹斋笺谱》（二）近况如何？如此书能早刻成，乃幸。"然而，第二卷付印后，"华北事件"发生，燕云变色，资金也发生困难，郑振铎不得已而匆匆南下，以致镌工中辍，直至 1936 年鲁迅逝世，第二卷仍未完成，终成鲁迅先生一大憾事。

　　继鲁迅之后，王孝慈也相继去世。接着北平沦陷，假以翻刻的母本——王孝慈藏本《十竹斋笺谱》下落不明。郑振铎处境凄凉，心力交瘁。在极端困难的情况下，他念念不忘鲁迅先生的嘱托，决心继续先生未竟之业。几经周折，终于寻访到孝慈藏本的踪迹，得知此书幸归北平图书馆。他向北平图书馆馆长袁同礼商借，蒙允续借，刊印不至中断。

翻刻此书，做工考究，二位先生又要求很高，所以难度高，费工费时，工程浩大。终于，历时七载，直至1941年6月《十竹斋笺谱》四册本全部终告出齐。郑振铎在写《〈十竹斋笺谱〉跋》时，记录了整个出版过程：

《十竹斋笺谱》四册，重镌之工，始于民国二十三年春末，告成于三十年夏六月，此七载中，大变迭起，百举皆废。余又南北迁徙，卒卒鲜暇。故镌版之业，作辍靡恒，盖困于资力者半，而人事之乖迕，亦居其半焉，然终于斯时得竟全功。丧乱之中，艰辛备尝，同好之士初赞其议而未能睹其成者，不止一二人也。前尘回顾，悲忻交集，是乌能不纪数语以告世人，且有以慰亡友之灵也。初，鲁迅先生与余既辑印《北平笺谱》，余曰：'尝于马隅卿许见王孝慈所藏胡曰从《十竹斋笺谱》，乃我国木刻之精华，继此重镌，庶易流传，北平印工当能愉快胜任。'鲁迅先生力促其成。余北归，乃毅然托赵斐云先生假得孝慈藏本，付荣宝斋复印，然复印之工，至为繁重，荣宝斋主人杨君初有难色，强之而后可。自复绘以至刷印之工，余曾目睹，故能语其层次：初按原谱覆色分绘，就所绘者一一分刻，然犹是未拼成之版块也；印者乃对照原本逐色套

《十竹斋笺谱》 北京画院藏

印，浅深浓淡之间，毋苟毋忽，虽一丝一叶之微，罔不目注手追，惟恐失样，用力之重轻，点色之缓急，意匠经营，有逾画家。印成持较原作，几可乱真，余乃信其必有成矣。时在岁暮，第一册竣事。适孝慈至平，遂以复本贻之，是为余与孝慈订交之始。未几，隅卿亦归，每次晤言必语及版画，而于《十竹斋笺谱》尤著意焉，即微疵点污，亦必指令矫改，以期尽善。斐云与徐森玉、魏建功、向觉明诸先生亦间有参议，友朋之乐，于斯为最。适余赴沪，持是册示鲁迅，赏览之余，喜如所期。然第二册付镌后，工未及半，燕云变色，隅卿讲学北大，猝死于讲坛之上，余亦匆匆南下，以困于资，无复以余力及此，镌工几致中辍，时时以是为言者，惟鲁迅先生一人耳。迨第二册印成，先生竟亦不及见矣。其后孝慈又故，遗书散出，此书幸归北平图书馆，可期永存。良友云亡，启余无人，日处穷乡，心力俱瘁，竟无意于续镌矣。故都沦陷后，北望烟云，弥增凄感，原书何在，尚不可知，遑问其他。又逾年，忽发大愿，辑印《中国版画史》，必欲遂成诸亡友之志，拟续镌《笺谱》，收入《画史图录》之中，姑驰书斐云，询其踪迹，不意历劫竟存，且得斐云之助，第三册继付剞劂，迄今一载又半，全书毕工，微斐云之力不及此，固不只余之私衷感荷无既也。呜呼！此书虽微，亦尝饱经世变，备历存殁之故矣！抑余重有感者，二十年来，余罗致版画书不下千种，于此书最为加意，既得复失者数数，初闻涉园陶氏有旧藏，比余询及，则已与他书归日本文求堂矣。为惆怅者久之，后见文求堂书目，此书尚在，飞函商购，得复谓已他售。盖托辞如是，欲自藏也。上海狄氏亦有此书，然不可见。闻某君购得一册，余意即一册亦佳，询以能否相让？则亦已售去。孝慈故后，此书又先为北平图书馆所得，缘悭如是，余更不作收藏想矣。

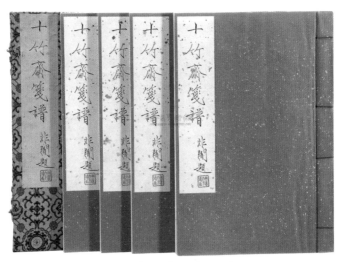

《十竹斋笺谱》 北京画院藏

云龙笺　北京画院藏

终假孝慈珍本，覆印毕工，慰情胜无，每自感悦。然此本中阙若干页，以无他本可补，姑置之。去冬，徐贾绍樵竟于无意中为余获此书于淮城，书至之日，乐忘晨饥。尤可欣者，孝慈本中所阙诸页，此本则一一俱在。刊书将成，余亦得偿素愿，缘遇巧合有如此者。惟镌工已就，所阙者未能补入耳。他日痛饮黄龙，持书北上，以与孝慈藏本相校勘，斐云其将何以贺余耶？补刻之举，当在彼时，云日重昭，此愿终偿，斐云知我必首肯也。（中华民国三十年六月二十七日，长乐郑振铎跋；东武王剑文书）

无独有偶。1940 年冬，郑振铎的友人徐绍樵在淮城为他获

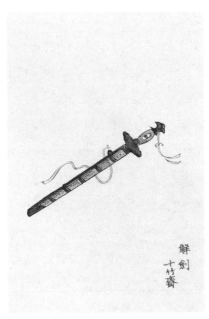

解剑笺　北京画院藏

得另一部明版《十竹斋笺谱》。这套笺谱中有孝慈本佚缺的 22 幅笺画中的 21 幅。然此时刻工已就，无法校补。虽不能补校，但这却是鲁迅、郑振铎终于完成了二人的夙愿，为传播中国传统笺纸文化贡献了力量。

中华人民共和国成立后，荣宝斋又在 1952 年翻刻了《十竹斋笺谱》，这套新翻刻的笺谱在北京画院有藏。当时身为文化部文物管理局局长的郑振铎依然非常重视这次笺谱的复刻，他又作序道："中国木刻画始见于 868 年，较欧洲早 540 余年。彩色木刻画则于 16 世纪末已流行于世，至 17 世纪而大为发达，饾版、拱花之术相继发明，亦有先以墨色线条勾勒人物、山水、花卉之轮廓，而复套印彩色者，但总以仿北宋人没骨画法者为主，雅丽工致，旷古无伦，与当时之绘画作风血脉相通。十竹斋所镌《画谱》《笺谱》尤为集其大成，臻彩色木刻画最精至美之境。十竹斋主人为徽人胡正言。正言，字曰从，流寓金陵，以制笺、篆印为业，时亦出版他种图籍，寿至九十以上。《笺谱》印行于明崇祯十七年，即1644年，迄今三百余载，传本至为罕见，予尝于王孝慈先生许一遇之，时方与鲁迅先生编《北平笺谱》，知燕京刻工足胜复印之责，遂假得之付荣宝斋重刻，时历七载，乃克毕功，鲁迅、孝慈二先生均不及见其成矣。今又经十余年，即此重刻之本亦不可得，荣宝斋新记欲再版行世，予尝获此谱第二部于淮上，以较前刻，凡第一部阙佚之页，一一俱在，遂加补刻，终成完帙。我国彩色木刻画具浓厚之民族形式，作风康健、晴明，或恬静若夕阳之明水，或疏朗开阔若秋日之晴空，或清丽若云林之拳石小景，或精致细腻若天方建筑之图饰，隽逸深远，温柔敦厚，表现现实或不足，而备具古典美之特色，推陈出新，取精用弘，今之作者或将有取于斯谱。（1952年5月14日，郑振铎序于北京）"此序言简述了我国木刻画的历史、明代《十竹斋笺谱》的历史地位，以及1934年他与鲁迅重刻这部优秀古籍的艰辛历程。二人携手翻印此笺谱可谓友情的见证，温暖着每一位捧阅此谱的读者。

铁笔作颖生，梨枣代绢素
——《十竹斋书画谱》

前一节我们介绍了胡正言刊印的《十竹斋笺谱》，而其另一部辑录的最有名的《十竹斋书画谱》，以其精湛的饾版彩色套印技术和文人逸趣的创作风格，在中国版画史上具有极其重要的地位。

一、《十竹斋书画谱》概述

《十竹斋书画谱》为胡正言辑选，高阳、凌云翰、吴士冠、魏之璜、魏之克、胡宗智、高友及行一和尚等同校，胡正言、汪楷等刻印。全书采用对幅大版，一图一文，互相辉映，部分画作盖有画家的款印，题咏也依照字体者的书风镌刻，全书可谓是集诗书画印于一身。全书分为《书画谱》《墨华谱》《果谱》《翎毛谱》《兰谱》《竹谱》《梅谱》《石谱》共8卷，每种40幅，共186幅画和140件书法作品。其组成如表所示。

序号	分谱名	序及目录数量	图画及题词
1	书画谱	序 2	20 幅画、20 篇题词（一一对应）
2	墨华谱	序 1	20 幅画、20 篇题词（一一对应）
3	果谱	序 1	20 幅画、20 篇题词（一一对应）
4	翎毛谱	序 1	20 幅画、20 篇题词（一一对应）
5	兰谱	序 1	40 幅画（前 19 幅为画法，中 18 幅为临摹古今名家作品，后 3 页竹图，预示下谱为竹谱）
6	竹谱	序 3 目录 1	20 幅画、20 篇题词（一一对应），另加 6 幅画法（步骤及画诀）
7	梅谱	序 1. 目录 1	20 幅画、20 篇题词（一一对应）
8	石谱	序 2	20 幅画、20 篇题词（一一对应）

对于如何判断八谱结集出版的年代顺序，目前主要是对各谱中出现的序文或者题咏纪年的研究为准。但这些年代只能说明完成时间的上限而已。按照已知的纪年顺序依次排列为：《书画谱》（1619 年）、《竹谱》（1622 年）、《墨华谱》（1624 年）、《石谱》（1625 年）、《翎毛谱》（1627 年）、《果谱》（1633 年）。[①]《梅

---

① 1619 年，《书画册》其中一幅墨竹后题有程胜题款："乙未秋日录于草草庵。"1622 年，《竹谱》中林古度为《喜霁》所写的题咏落有"壬戌秋日书于青疏阁"之款。1624 年，《墨华册》出现的纪年有胡正言题梅华之"甲子秋书于香雪斋"；杨文聪题万颖之书的"甲子立秋日书"。1625 年，《石谱》中谢三秀的题诗为作于"乙丑伏日"。1627 年，《翎毛谱》中杨文骢所书《翎毛谱小序》作于"天启丁卯立秋日"。1633 年，《果谱》有醒天居士所写的《题十竹斋画册小引》为"癸酉年中秋前二日"。

谱》与《兰谱》则没有确切纪年。《梅谱》中有潘之恒题字，而他在1622年已去世，因而有学者认为此谱完成年代应该早于此，应介于《书画谱》与《竹谱》之间。再看《兰谱》套色方法比较单一，再加上完全未按照整套书画谱的题诗咏文的形式，此谱应该也可能是早期刊印的。而《果谱》在套印技法上最复杂和精准，应该是压轴之作。因而原来此谱的顺序应该并不同于现在看到的各种版本的排列顺序。

综观全谱，最早的题跋为《书画谱》中程胜明万历四十七年（1619）题"翠竹"，由此可知胡正言最晚在1619年以前已致力于《十竹斋书画谱》刻印。后来书画谱应该又经过了整理、修改、确定出版顺序的过程。而最晚有时间记载的是醒天居士的全谱总序为崇祯六年（1633），可知全谱最后为崇祯六年将全套《十竹斋书画谱》结集重印出版，整个书画谱大约历经14年才全部出版，可谓不易。

二、《十竹斋书画谱》的流传及版本

《十竹斋书画谱》在出版以后，受到读者的极大欢迎，《门外偶录》说它"销于大江南北，时人争购"，且"不计工价"。"良工汪楷，以致巨富矣"，连刻工也因画谱的销售而一下暴富。因而《十竹斋书画谱》行世不久，便有人翻印，以致胡正言重印此谱时，便慎重申明："原版珍藏，素遘真赏，近有效颦，恐混鱼目，善价沽者，毋虚藻鉴。"后世翻刻者更甚，品质高下也不一，造成了现在版本杂然分陈的局面。

　　而研究《十竹斋书画谱》的版本问题是十分重要的，不搞清楚原刻与翻刻的情况，就无法准确地判定其艺术价值。最早界定《十竹斋书画谱》版本的是著名藏书家傅惜华先生，20世纪30年代，他在《中国版画研究重要书目》837则记载了《十竹斋书画谱》的7种版本，现抄录如下：《十竹斋书画谱》不分卷，8种。明胡正言辑摹。①明天启七年（1627）十竹斋胡氏原刊初印彩色套印本；②明十竹斋原刻清初彩色套印本；③清康熙五十四年（1715）重刊胡氏彩色套印本；④清乾隆间重刊胡氏彩色套印本；⑤清嘉庆二十二年（1817）芥子园重刊胡氏彩色套印本；⑥清道光间重刊胡氏彩色套印本；⑦清光绪五年（1879）校经山房翻刻本。

　　《十竹斋书画谱》初印本，因时间久远，存世极少，在国内未见原刊本。现可考存世的明代印本为国家图书馆收藏的8卷本《十竹斋书画谱》，此书由郑振铎先生捐赠，用开化纸印制，虽略有缺页，但在版本学上占有极重要的地位。

　　清代比较重要的两个翻刻本有清嘉庆二十二年（1817）芥子园翻刻本，以及校经山房翻刻本。芥子园的翻刻本在序言末尾有款识"芥子园谨识"，盖有"芥子园珍藏"名章，或盖有"李氏""王安节""绣水王箸"等印章。而这个翻刻本也有先后的版本，较先的版本在画页上大多留有款书，而后翻刻本，便都删去了题画的款书。

　　光绪五年（1879）校经山房翻刻本署有"海阳胡曰从摹古，

江宁张学耕重校"字样，在翻刻说明上写着"《十竹斋书画谱》盛行海内，诚后学之津梁。原版岁久模糊，向惟芥子园主人曾经翻刻，流传至今，版复漫漶，神韵尽失，深为惜之，兹幸购得原谱，重加考订，付诸剞劂，以公同好，非敢谓突过前人，俾仍存庐山真面云尔"。王伯敏称这个翻刻本"神韵尽失"，他认为清代书商在当时只想谋取利益，而不肯下工本在刻版上，因而此版本多有脱错，与芥子园翻刻本相比，也有天壤之别，尤其是《翎毛谱》《墨华谱》《石谱》的翻刻，更是恶俗，自然尽失十竹斋的本来面目。

三、北京画院藏《十竹斋书画谱》

恰巧北京画院藏有一套珍贵的《十竹斋书画谱》。这部笺谱的版本是何时，又有怎样的学术价值呢？

院藏《十竹斋书画谱》，线装尺寸为长24.1厘米、宽15厘米、厚4厘米。采用包背蝴蝶装，白纸印本，开本极为宏阔，装帧大方雅致，原函、原套、原装，虽函套有损坏，但依然古意盎然。画谱外观大小与一般刊本似并无太大差别，但由于采用了蝴蝶装，翻开之后，由两面合成一页来表现一幅完整的画作或题诗，单幅之形式犹如装裱的书画册页。其实蝴蝶装主要盛行于宋元两代，明代初年仍可见到部分例子，但到了明万历以后几乎消失了。胡正言舍弃在明末最流行的线装形式，而采用了蝴蝶装，应该是顾及画面不可分割，需要完整呈现仿如册页的书画作品，又为了使

《十竹斋书画谱》 北京画院藏

刊本形制不过大，以免不方便随身携带。另外，蝴蝶装必须连翻两页才可以看到下一页，有助于读者放慢阅读速度，仔细欣赏内容。

画谱封面为后人楷书写"十竹斋画册"，封一已缺失。封二序言文字尚存，但已残破。上印文字为"是集前贤苦心搜辑海内盛行，其中花卉、翎毛、竹石、书法诸体详备，诚画学之金针，亦书家之宝筏也。原版岁久模糊神韵尽失，致使学者望洋兴叹，深为可惜。幸本园家藏原谱。历历可观，兹特详加考订重付枣梨，俾庐山面目不淆涵于云烟，是亦前贤嘉惠后学之心也，夫爰缀数言书之卷首。□□丁丑花朝日，芥子园谨识"。其中年份"嘉庆"二字已缺失（嘉庆丁丑为 1817 年）。其后有兰溪居士的《题十竹斋画册小引》以及芒砀山人王三德的《胡曰从书画谱

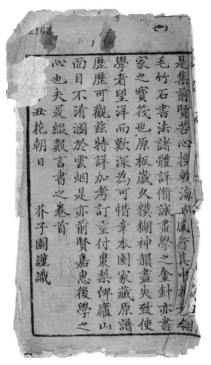

封二序言　北京画院藏

引》。按国家图书馆收藏的明刻本序言原为"癸酉年（1633）中
秋前二日醒天居士书于十竹斋"，北京画院所藏刻本中序言被改
为"癸未年小阳上弦前二日兰溪居士书于十竹斋"。明末至清光绪，
癸未年分别是万历十一年（1583）、崇祯十六年（1643）、康熙
四十二年（1703）、乾隆二十八年（1763）、道光三年（1823）、
光绪九年（1883），不知序言中的"癸未年"确指哪一年。王伯
敏认为此为清代人误刻，此为无意，还是故意而为，尚待研究。
但从题款及序言可知北京画院所藏《十竹斋画册》为清代芥子园

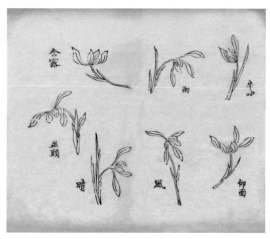

《兰谱》之兰花画法

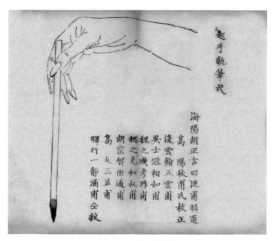

《兰谱》之起手执笔式

翻刻本。

《十竹斋书画谱》一函共 14 册，内收《书画谱》《墨华谱》《果谱》《翎毛》《兰谱》《梅谱》《石谱》7 种，竹谱已缺失。

《果谱》之栗子　北京画院藏

《果谱》之枇杷　北京画院藏

《兰谱》 北京画院藏

《墨华谱》 北京画院藏

除了《兰谱》外，每种 40 幅，每幅都配有书法极佳的题词和诗，格调雅致，色彩飞动，图文并茂，俱臻佳境。但其排列顺序已被民国后人重新编排，不知是故意为之，觉得这样更方便阅读；还是无心之举，并不知道《十竹斋书画谱》的真正顺序。现此套古籍顺序为：一册《书画谱》上，二册《果谱》上，三册《石谱》上，四册《梅谱》上，五册《梅谱》下，六册《墨华谱》上，七册《石谱》下，八册《翎毛谱》上，九册《墨华谱》下，十册《翎毛谱》下，十一册《果谱》下，十二册《兰谱》上，十三册《兰谱》下，十四册《书画谱》下。虽编排顺序改变，但是每种谱的序言还都是保留了的。整体看，虽然比不上明刊刻本印制水平精湛，但从书法角度来看，这些序言中依然可以看到当年的书风。序文采用最多的是草书，另有行草、狂草、章草等，此外在画后的题词中还运用篆书、隶书和行书。《石谱》中《题锦川石》的字采用的是篆书，《墨华谱》中胡正言《题梅花》的字用的是隶书，序言中篆书的象形和草书的苍劲让人眼前一亮，有畅快舒适之意。

画谱中的绘画大多出自名家，不光有胡正言自己所画，还有明代画家如吴彬、吴士冠、倪瑛、魏克、米万钟、文震亨等，更有临摹前辈画家，比如《兰谱》中有赵孟頫、唐寅、沈周、文徵明、陆治、陈道复等作品。从画风来看多是受到吴门画派写意花鸟画的影响，用笔清丽，设色雅淡，构图精致，体现出文人的闲情逸致，也可看出胡正言及其他参与者的艺术倾向意在"不越矩镬，文而不野"。绘制十竹斋画稿的画家总体来看，以金陵画家为主，如收录作品最多的高阳、高友叔侄，他们是侨居金陵的著

《翎毛谱》　北京画院藏

名画家，擅长山水花石。此外还有魏克、吴彬、沈硕等金陵画家的参与。除了金陵画家，画谱中出现较多的是苏州及徽州画家。比如《梅谱》中《冰壶掩映》采用了陈淳的作品，《兰谱》中有周天球两幅作品，《石谱》中有文震亨 1 幅作品，三者同为吴派画家。其余像沈硕、谢道龄、周之冕、吴士冠等人都在苏州活动。晚明苏州画坛依然蓬勃发展，尤其是明代的花鸟画自沈周之后，吴派最为突出，至明末仍具有重要的地位，自然成了画风主要来源之一。

在印制方面，《十竹斋书画谱》采用了"饾版"水印的方法，在刻印中尤其重视木趣刀味的结合。正如杨文骢所题《翎毛谱小序》，精彩地评介了胡氏所施饾版之法："胡曰从氏巧心妙手，超越前代，以铁笔作颖生，以梨枣代绢素。"如《石谱》，在饾版上留有木质纤维的纹路，来表现石质的粗硬线条；《翎毛谱》中，白头翁、绶带鸟、水鸟、斗雀等羽毛上，都留有细细的刀痕，正表现鸟雀身上毛茸茸、蓬松松的感觉；在对花与叶子的印刷时，又充分利用"饾版"彩晕墨化的特性，使它表现出花的肥嫩和叶的秀润等。正所谓"写形既鲜，设色尤工，至于翠瓣丹拊，葩分蕊析，花之情，竹之姿与禽虫飞懦之态，奇石云烟之气，展册淋漓，宛然在目……""……其中皴染之法及着色之轻重、浅深、远近、离合，无不呈妍曲致，穷巧极工，即当行作手视之，定以为写生妙品，不敢做刻画观""不敢作刻画观"，正道出了十竹斋水印木刻刻而不板、以假乱真的独特效果。

更值得一提的是：这部画谱还兼具教材性质，迎合"幽人韵士之癖好"，使初学者能够更好地理解绘画要点。兰竹二谱都附有"起手式"，但北京画院所藏竹谱已失，画兰方法尚存。《兰谱》中最开始便有"起笔执笔式"，图示右手握毛笔的姿势，仔细看此握笔姿势并不是现代人的五指执毛笔法，而是明代三指执笔法。后面接着是"画叶起手法"，除图外，还有提示"学者先将此五笔习熟，然后交搭左右皆同"，后面是兰花"风雨晴露别态也，悬崖丛石等泽也，寸枝片蒂同馥也，琼芝瑶苔交映也"，娇羞万分，袅娜多姿。蕙兰在晴和雨两种天气下初放那页，画面下有一句提示："九画花头须上下，相顾方有生意。"正如乘槎之《十竹斋墨华题辞》中所说"鸳鸯绣出，竟以金针渡（度）人矣"，暗指胡正言不仅授之以鱼，还授之以渔，他刻印画谱的同时也将画法教给读者。

整体来看，北京画院所藏《十竹斋书画谱》装帧古朴，施墨着色娴雅妍丽，套印精细，着色均匀，画面生动，书法流畅，字体古拙。自花果至翎毛莫不比例精确，其淡雅天真处，可与今工笔画相媲美，虽不可与明刻版相比肩，有些地方色彩凝郁略显呆板，有些文字印制甚至不清晰，但不至于到了非常恶俗的地步。水印套色技术依然可以淋漓尽致地体现国画色彩浓淡参差的特点，不失为中国套色印刷史上的重要著作之一。另外其刊印了一些画诀，虽篇幅所占分量不多，但依然不失为第一部真正教科书式的图谱。所以不论其印刷质量的好与坏，作为系统整理绘画方法来说，具有一定的历史意义。再加上《十竹斋书画谱》对当时芥子园的印刷以及包括之后日本浮世绘在内的亚洲木版印刷都产生了深远的影响，从这一点上也值得我们后人对这部画谱进行更加深入的研究和挖掘。

附：

《梅帙序》：彻骨寒魘，开自百花顶上；浣尘冷艳，会凝群玉峰前。每图贮孤洁与常清，奈何驾众妍而（□）悴。纵停云其珠树，宛在水之璧人。顷获梅镌，快披竹所。参横月落，罗浮颖脱隃丸。墼衬岩扶，庾岭魄归藤角。方范至能谱增其九，若晏同叔本散成双。月印水空朱粉尽，参禅观香凭魂挽。旖旎不着春工，竞妆无南北分枝。傍舍兄风烟作障，迎吹欲舞，指爪飞龙；濯素俱华，毫端吐凤。

桃溪蓼岸之年，遇而攫神；风凉云暖之图，当之减韵。诅李思训数月登妙，抑吴道子一日运精。兼以仙客颜题，不倩广平写赋；风人投句，争赓和靖成联。芳情未尽嫁东风，似系晴丝于宝帙；遗赠若教来陇地，只裁寸絮于诗简。且楚畹渭川，此合方为二绝；惜画水刻玉，斯道予愧一长。但将元积之肠，鉴以彦斋之眼。

——玉山董继周

1.（□）悴，此处脱一字，似应为"独"字。
2 "傍舍兄"即"旁舍兄"，"傍"通"旁"。

《兰谱序》：兰有品，生棘而芳也；有致，芬人而韵也。故漪兰，古人咏意甚远。我以兰癖作世观，搏膺久矣。年来苍狗变幻，寓都门，与日从友。日从材美度无既，为歌《兰操》。日从曰：子热肠，我冰心，请扬兰概。风雨晴露，别态也；悬崖丛石，等泽也；寸枝片蒂，同馥也；琼芝瑶苔，交映也。笔之谱，将以观子。吁！俗无真味，好浓脂厚黛，岂不媚人？而妒雨颓风，转眼间都成荆茨，孰幽奇芷泽倩达士胸怀者！百卉槁颜，一兰茂色，以是缔石交，以是抒岩素，宜我与日从胸怀迫也。我向荆棘作笑歌，日从于今尚颠倒篱茨，以兰心谱为兰韵，世有徵兰者，徵日从可耳。今宇下饶趣人，解趣兰也，我与日从且以是观之。

——卷石山人涂日昌

《阅石谱题言》：余性酷爱山石，太丘卧在平原，无论小沩芙蓉，莲华玉笥，休马之帝棋，月林之仙境，即米颠所知无为军一，灵璧相距二百里，亦如遥在天际。仅芒砀如拳大，其石聊足蛇蟠，惜不为五丁所引。或过名山，遇巉石，又无神力以鞭走，徒自徘徊咨嗟而去。亭池台沼间，不无一二石丈，然观之易穷，对之易厌，辟之馋夫饿口，一脔肉遽能饱也哉！继欲访苏子瞻，学为枯木怪石，弄之而腕钝手拙，画字如蚓，画石又似葫芦。尝讶米元章，岂皆巧偷豪夺。

——太丘王三德

芥子须弥寄闲情
——李渔《闲情偶寄》及其"芥子园笺"的艺术

　　经历了明代制笺产业的繁荣，制笺工艺越发高超，笺纸图像系统逐步确立，作为标准出版物笺谱的刊刻，以及各地笺肆也纷纷设立，文人用笺有了更高的审美要求。明末杨梦衮《岱宗小稿》里将笺纸收入宝玩之类目，并评说："纸之属有五色、金花及砑光诸笺，要以洁白为主，宜书堂，宜石室，宜花间题咏，宜窗下临摹，宜锦轴牙签，宜琅函宝笈，宜乘间作小画，云树苍茫，宜遣性题新诗，珠玑错落。"可见明代要求笺纸要宜诗、宜书、宜画，还能适应各种场景需求，实属难为制笺之人，也只有文人自己矫情起来才可以如此吧！

　　清初由笺谱确立的设计理念和印刷工艺开始在实用笺纸的制作中得到应用，诗帖信笺的形制也基本定型，彩笺的风貌开始了巨大的蜕变。开一代风气者为李渔，由于他的大力倡导和身体力行，率先引领有清一代的制笺之风潮。他所创立的芥子园制笺更是独领一代风骚，不但在康熙时期风行海内，并且引出了无数的效仿者和追随者。

李渔（1610—1679/1680），原为浙江兰溪人。字笠鸿，后字笠翁，一字谪凡，别署笠道人、随庵主人、新亭樵客、湖上笠翁等。李渔出身医药世家，他的父亲和伯父一起经营医药产业，家庭优渥。李渔天资聪颖，全家寄希望于其读书做官。

25岁的李渔参加了童生试，一鸣惊人，考中秀才。但好景不长，崇祯十五年（1642），战火烧到了李渔的家乡，李渔非常无奈地与明代的最后一场科举考试失之交臂。江山易主之后，李渔开始隐居在兰溪金华山中，已到不惑之年的他为自己构建了"窗临水曲琴书润，人读花间字句香"的人生图景，却无法安抚自己一颗躁动不安的心。顺治八年（1651）李渔决定卖掉伊园，前往杭州，开始了他以文养家的生涯。杭州的几年，是李渔真正的"奋斗期"，他的戏剧和小说成果多产于此期间。比如《怜香伴》《风筝误》《比目鱼》等传奇反响热烈，很快成为舞台上的热门剧目；而《无声戏》《十二楼》等小说集也相继问世。

但是当时江南印刷业的发达也催生了盗版生意流行，李渔的作品被争相翻刻，质量参差不齐，李渔名利皆受损。其一气之下索性离开杭州，拖家带口来到金陵。杭州的教训，让李渔开始意识到他需要从一个文人向文化商人进行转型，才可以在印刷业取得成功。

一味靠托钵化缘不是长久之计，为了发展出版事业，养家糊口，李渔在金陵可谓大显身手，展现了自己在出版业的经营头脑。寓居金陵后，不但继续经营他的戏曲事业，还开设了芥子园书坊，在承恩寺前售书与笺简。芥子园故址在石观音。李渔在金陵与王阮亭、周亮工、吴梅村等名流相往来。金陵承恩寺前游人如织，热闹非凡，这座寺院原本为明宣宗、英宗时期，最受恩宠的宦官王瑾位于金陵的住宅。当年承恩寺门前的店面出售的"芥子园"笺简在金陵文化圈可谓风靡一时。

此时最让李渔扬扬得意的一部著作应该就是《闲情偶记》了。他的友人尤展成（尤侗）在《笠翁文集》后批语："入芥子园者，见所未见；读《闲情偶寄》一书者，闻所未闻。使得市隐名园，展其胸中丘壑，更不知作何等奇观？读此痒人心目。"可谓评价极高。李渔成书时的社会心态，他自述是"喜读闲书，畏听庄论"，才因此写了这部"寓庄论于闲情"的《闲情偶寄》。全书共分为8个部分，包括词曲、演习、声容、居室、器玩、饮馔、种植和颐养，涵盖了李渔的戏剧理论、文学理念、建筑技艺、两性观点和生活经验，包含了清代文人的世界观和方法论。这完全就像现在流行的段子：一个不会生活的出版家，不是一个好的知名戏剧家。李渔其实就是一个全才的玩家。他有一搭没一搭地讲着写作经验、装修须知、赏花知味，甚至传授收纳技巧、护肤秘籍等知识。

李渔在《闲情偶寄》中专门写有《笺简》一篇，详述其制笺经历：

笺简之制，由古及今，不知几千万变。自人物器玩，以迨花鸟昆虫，无一不肖其形，无日不新其式；人心之巧，技艺之工，至此极矣。予谓巧则诚巧，工则至工，但其构思落笔之初，未免驰高骛远，舍最近者不思，而遍索于九天之上，八极之内，遂使光灿陆离者总成赘物，与书牍之本事无干。予所谓至近者非也，及其手中所制之笺简是也。

既名笺简，则笺简二字中便有无穷本义。鱼雁书帛而外，不有竹刺之式可为乎？书本之形可肖乎？卷册便面，锦屏绣轴之上，非染翰挥毫之地乎？石壁可以留题，蕉叶曾经代纸，岂意未之前闻，而为予之臆说乎？至于苏蕙娘所织之锦，又后人思之慕之，欲书一字于其上而不可复得者也。我能肖诸物之形似以笺，则笺上所列，皆题诗作字之衬也。还其固有，绝其本无，悉是眼前韵事，何用他求？已命奚奴逐款制就，售之坊间，得钱付梓人，仍备剞劂之用，是此后生生不已，其新人见闻，快人挥洒之事，正未有艾。即呼予为薛涛幻身，予亦未尝不受，盖须眉男子之不传，有愧于知名女子者正不少也。

已经制就者，有韵事笺八种，织锦笺十种。韵事者何？题石、题轴、便面、书卷、剖竹、雪蕉、卷子、册子是也。锦纹十种，则尽仿回文织锦之义，满幅皆锦，止留縠纹缺处，代人作书，书成之后，与织就之回文无异。十种锦纹各别，作书之地，亦不雷同。惨淡经营，事难缕述。海内名贤欲得者，倩人向金陵购之。是集内种种新式，未能悉走寰中，借此一端，以陈大概。售笺之地即售书之地，凡予生平著作，皆萃于此。有嗜痂之癖者，贸此以去，如偕笠翁而归。千里神交，全赖乎此。只今知己遍天下，岂尽谋面之人哉？（金陵承恩寺中有"芥子园名笺"五字署名者，即其处也）

是集中所载诸新式，听人效而行之；惟笺帖之体裁，则令奚奴自制自售，以代笔耕，不许他人翻梓。已经传札布告，诫之于初矣。倘仍有垄断之豪，或照式刊行，或增减一地，或稍变其形，即以他人之功冒为己有，食其利而抹煞其名者，此即中山狼之流亚也。当随所在之官司而控告焉，伏望主持公道。至于倚富恃强，翻刻湖上笠翁之书者，六合以内，不知凡几。我耕彼食，情何以堪？誓当决一死战，布告当事，即以是集为先声。总之天地生人，各赋以心，即宜各生其智，我未尝塞彼心胸，使之勿生智巧；彼焉能夺吾生计，使不得自食其力哉！

从上文所述可以看到，李渔以为笺简是一种宽泛的、包容性较强的书写载体，根据用途，它不但可以借鉴名刺、书籍的形制，还可以在题材中选择去染翰、挥毫。李渔《笺简》中记载的笺纸，有韵事笺 8 种、织锦笺 10 种。织锦笺不是李渔的新创，其图式由来已久，是李渔巧妙地从他处借鉴而来。"苏蕙娘所织之锦，又后人思之慕之"则是《浣花笺纸桃花色》一章所讲的前秦苏蕙娘的故事，把回文诗《璇玑图》织于锦缎上，寄赠丈夫甘肃刺史窦滔。"织锦璇玑图"即李渔织锦笺的灵感来源，可惜没有传世笺纸留下。明代后期以丝绸纹样为灵感制作笺纸是一种创新。比如，丝绸纹样中的云气纹应用在笺纸上，上海博物馆所藏的朱应登《致敬夫函》的花笺上则布满云纹。而后到了清代乾隆年间杭州虚白斋、清末北京秀文斋也可以制回文笺，不过刻印较为粗略。

幸运的是上海图书馆藏有《颜氏家藏尺牍》，其中收录三通李渔手札，让世人可以一窥李渔制笺的庐山真面目。其一为《闲情偶寄》韵事笺的一种"书卷"类型。为折叠式笺，首页正面仿书面样式，题签为"书卷启笠翁新制"。次叶半页五行，四周单边，版心上题"十部从事"，下题"芥子园藏版，窃刻者必究"，以申明版权问题。第二扎为"衣带启"，也是折叠式笺。封面四周单边，框内以拱花几何纹样作底，上刻"衣带启"三大字，下刻"笠翁新制"四小字。第三扎为"制锦笺"。此笺的花边，设

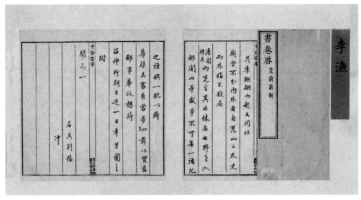

清　李渔手札　芥子园制笺　书卷启　上海图书馆藏

清　李渔手札　芥子园制笺　衣带启　上海图书馆藏

计成了一个四周围合的八角长方形边框，框的内边为单边，外边是文武双边，内、外边之间，布置了互相勾连的卷草纹样。花纹则是用拱花的方式压印出，但磨、压、装裱等原因，拱花图案看上去不是很明显，如同素简，需要仔细查看。此外内外三条粗细不等的边框线以淡褐色印成，非常朴素清雅。框内右侧题有"制锦笺笠翁新制"，左侧题"芥子园藏版窃翻必究"。三件信札为芥子园拱花花笺提供了弥足珍贵的实例。

此外笠翁手札之后还附有一份他南归前委托朋友代售的笺纸目录，上面且有《闲情偶寄》里没有记到的品种，以及出售的价格。如"韵事笺，每束四十；制锦笺，每束四十。每束计价壹钱贰分。书卷启、代折启、衣带启，以上每束一十，计价三分。鱼封、雁封、什袭封、衣带封、竹封，以上每束二十，计价肆分。"为了南归在杭州安置新居，李渔卖掉了金陵的别业芥子园，以及

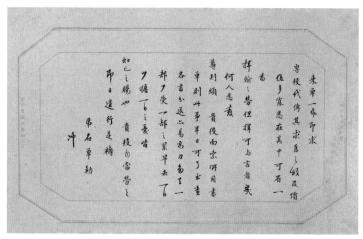

清　李渔手札　芥子园制笺　制锦笺　上海图书馆藏

一些书版、古玩和字画，还包括在金陵印制的这些笺纸，以便轻装上阵。从笺目中看，李渔售笺是按照一束为单位进行售卖的，每束有四十枚、十枚、二十枚不等，笺与启的价格相当，而笺封则略微便宜些。按照康熙八年（1669）7钱银子一石大米的价格，一钱银子可大约购买20余斤大米。李渔一束韵事笺或者制锦笺的价格，相当于购买30斤大米，可谓价格不菲。也只能是有经济实力的文人墨客才能够买芥子园笺纸来写信了。此外还可看到这些笺目中还有李渔《笺简》中未载录的品种"代折启"和各种花色的封笺，可见李渔制笺的种类丰富而多彩。

对于自己设计监造的笺纸，李渔非常自信地说道："海内名贤欲得者，倩人向金陵购之。"更在《闲情偶记》中植入广告：购买了我的笺纸，"千里神交，全赖乎此"，就如同偕笠翁而归。李渔在金陵的生活是放浪不拘的，在金陵居住的10余年间，李渔筑园、卖文、刻书、创作小说和戏曲，盛名远扬，而为打击盗版者李渔厉声铿锵，"誓当决一死战，布告当事，即以是集为先声"。这大概就是文人的真性情。

自明末天启六年（1626）《萝轩变古笺谱》《十竹斋笺谱》始创以来，文人好事者集腋成裘，也会集中印制一些套笺，或四式一束、十幅一叠。这些套笺虽然没有被装订成册，却在笺匣中以品类聚集，同样具有被欣赏和集藏的价值。而为何李渔在出版《芥子园画传》以外，始终未出版一部《芥子园笺谱》呢？

其中重要的原因，就是谱录类图籍的刊刻，需要集中大量人力、物力。如《芥子园画传》的编纂和刊刻缘由为清康熙初年

（1662），李渔与女婿沈因伯（字心友）于园中讨论画理，触发了他编刻一部供绘画者自学的中国画技法教材的想法。而沈因伯家中藏有明代画家李流芳的课徒稿43页，康熙十八年（1679）沈因伯请王概整理并增补，历经3年的时间，增编为133页，条分缕析地介绍了山水画的各种技法，并附临摹古人和时人的各式山水画40幅。后由李渔出资以套版精刻成书，以"芥子园"的名义出版。其问世后一直供不应求，一版再版。

《芥子园画传》初集的刊印就已经花费了王概三年的时间才得以脱稿，而二十二年后的《芥子园画传》二集，则聘请了杭州名画家诸曦庵编画《兰竹谱》，请王蕴庵编画《菊及草虫花鸟谱》。又由王概、王蓍、王臬兄弟三人经过多年的斟酌增删，将之编辑

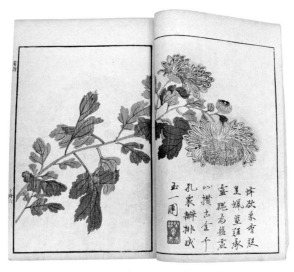

《芥子园画传》之《梅兰竹菊谱》　北京画院藏

复建后的南京芥子园

成书。该书原分两集：上集为《梅兰竹菊谱》；下集为《翎毛草虫花卉谱》。李渔之婿沈因伯在画传例言中说："王蕴庵、诸曦庵，武林名宿也。闻画传二集之请，两先生白发萧萧，欣然任事，三年乃成。"而此时王概已经"发白齿落"。可见，芥子园并无更多精力再行刊刻笺谱。

再者，饾版套印的笺谱刻印工艺繁杂，所以造价高昂、价格不菲，并不是面对普通大众的出版物。之前我们也介绍了芥子园制笺的价格，而价格不菲的芥子园制笺也屡遭盗版，制作者几乎

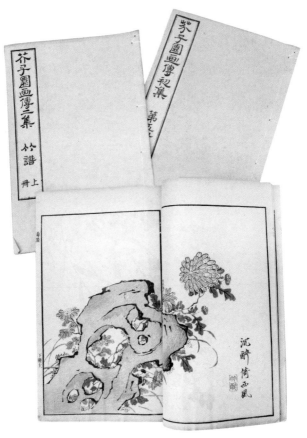

《芥子园画传》 北京画院藏

要与人对簿公堂。所以能够刊刻出版的笺谱，必凝聚了制笺主人相当的心血气力，没有能印制出芥子园笺谱也是情有可原的。而流传至今的古代笺谱，代表着当时制笺行业的发展水平，这也是为何笺谱是非常值得珍藏的图籍的原因之一。

《芥子园画传》李渔作序，曰："俾世之爱真山水者，皆有画山水之乐。不必居画师之名而已得虎头之实。所谓咫尺应须论万里者，其为卧游不亦远乎？"而其实芥子园制笺也代表了清代前期雕版彩色印刷的高峰，所谓"芥子须弥，壶中天地"，笺纸咫尺方寸，得文人闲情偶记。

中国木刻史之丰碑
——鲁迅、郑振铎辑印《北平笺谱》

　　古人尚风雅之事，喜欢在文房用品——笺纸上书写诗词歌赋，表达内心独白，笺纸也随着文人喜好，有了一路历程：从素笺到彩笺，再到明清时期各式的木版水印彩色笺纸，直到民国时期还有我们熟悉的"红八行"笺纸。如今办公现代化和网络普及，很少有人用纸笔来写文章和书信，但是邮件和电子读物还是代替不了纸质书籍以及书写信纸带给我们内心的充实与美好。回顾民国时，有一部笺谱必须大书特书，这就是被称为"中国木刻史上断代之唯一丰碑"的《北平笺谱》。

　　《北平笺谱》是鲁迅和郑振铎（西谛）于 1933 年 12 月编辑出版的一部木版水印诗笺谱。该书初版印制 100 部，一经问世就引起文化界、艺术界极大关注。后因销售空前，很快售罄，于是在 1934 年又重印了 100 部。1958 年 10 月 17 日，郑振铎先生在出访苏联途中因飞机失事不幸遇难。为了纪念郑振铎先生，北京荣宝斋复制了《北平笺谱》，易名为《北京笺谱》。而今，这部

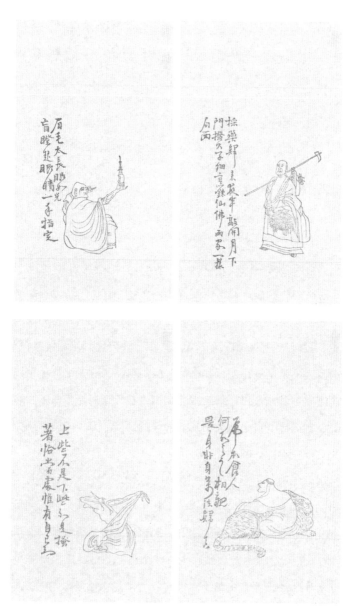

张士保绘仿古罗汉笺

笺谱尤其是第一版已经成为弥足珍贵的文物了。这也正如鲁迅当年所说："至三十世纪，必与唐版媲美矣。"

初版印制的《北平笺谱》共收集北京琉璃厂荣宝斋、淳菁阁、松华斋、静文斋、懿文斋、清秘阁、成兴斋、宝晋斋、松古斋9家笺纸店的笺纸藏版，精选其中的340幅古今名人画笺。笺谱以时间顺序分卷：一册全为仿古诸笺；二册、三册为戴伯和的鹤笺、李伯霖的花卉笺、王振声的动物笺、刘锡玲指画笺，以及李瑞清罗汉笺、林纾山水笺、清末女画家缪素筠的花鸟笺等诸氏所作，体现了由光绪到宣统期间的艺术演变；四册为陈师曾花果笺、金城花卉笺、姚茫父的唐壁画砖笺等笺纸；五册为齐白石的人物笺、王梦白的人物笺、溥心畬的山水笺、陈半丁的花卉笺、萧谦中的花卉笺等诸氏之作，反映当时民国之绘画流派；六册为民国女画家江采花卉笺、吴待秋的梅花笺等20家梅花笺、王梦白等数家壬申笺、癸酉笺。

笺谱中所占比重最多的为四人作品，包括：陈师曾花果笺与山水笺共计32幅，齐白石人物笺与花果笺21幅，王振声花果笺与人物笺20幅，吴待秋梅花笺17幅。从中可以看出鲁迅与郑振铎两位编者对这四位艺术家的重视程度。

鲁迅在《北平笺谱》序言中讲："中华民国立，义宁陈君师曾入北京，初为镌铜者作墨合、镇纸、画稿，俾其雕镂；既成拓墨，雅趣盎然。不久复廓其技于笺纸，才华蓬勃，笔简意饶，且又顾及刻工省其奏刀之困，而诗笺乃开一新境。"其实陈师曾早在青年时代就与鲁迅同为南京矿路学堂同学，之后一起在日本留学，

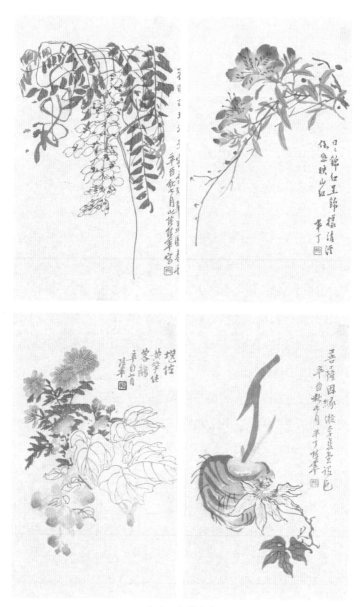

陈半丁绘花卉笺

陈师曾绘制笺

鲁迅在东京筹办《新生》杂志，陈师曾也是积极的支持者和赞助者。回国后二人又一起在教育部共事，常常一起逛小市，看画帖，交换碑拓，对新知识、新思想的追求是他们一生友谊的基础。陈师曾向鲁迅赠画多幅，为之刻印多枚，并请鲁迅鉴赏他的书画作品。而鲁迅收藏的中国现代国画家作品也以陈师曾作品为最多。另外，郑振铎对陈师曾也评价很高，《仿笺杂记》中郑振铎谈陈师曾所作笺纸"虽仅寥寥数笔，而笔触却是那样的潇洒不俗"。

同时，鲁迅在《北平笺谱》中也对齐白石、吴待秋所画的笺纸，十分赞赏："稍后有齐白石、吴待秋、陈半丁、王梦白诸君，皆画笺高手，而刻工亦足以副之。"其实，鲁迅与齐白石没有过面

齐白石绘制笺

对面的接触，但鲁迅对其画作是熟悉并欣赏的，所以在琉璃厂选购笺纸时，格外留意。在鲁迅1933年2月5日写给郑振铎的信中称："去岁冬季回北平，在琉璃厂得了一点笺纸，觉得画家与刻印之法，已比《文美斋笺谱》时代更佳，譬如陈师曾、齐白石所作诸笺……"郑振铎序言中也提到"齐白石、吴待秋、陈半丁、王梦石、溥心畲诸君子，均高雅不群，惟制笺固以画稿为主，刊印亦贵精良"。郑振铎写的《仿笺杂记》中又有对齐白石人物笺的评鉴"仿八大山人的，神情色彩都臻上乘"。而同时齐白石也对鲁迅、郑振铎选其笺谱大为肯定，在《齐白石辞典·师友及其他》中，专设"鲁迅"条目，说他在"民国二十二年（1933）与郑振

王振声绘制笺

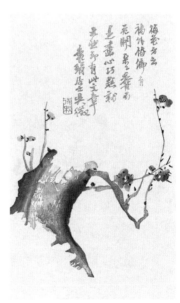

吴待秋绘梅花笺

铎编印《北平笺谱》，第五册内收有齐白石画作 20 页。其中荣宝斋所印 12 页为花果，李振怀刻；松华斋所印 4 页为花果，张东山刻；静文斋 4 页为人物，李华庭刻。齐白石称'选录者极有眼力'，引为知己"。

鲁迅和郑振铎二人在序言中同时提到的吴待秋，名徵，字待秋，号春晖外史、鹭鸶湾人、抱鋗居士等。浙江桐乡人，清末海上名画家吴伯滔次子。自幼聪慧过人，18 岁考中秀才，26 岁时只身至杭州求是书院就读，同时兼任两所学校的美术教员。1906 年赴京参加"中国画学研究会"，精研古法，博采新知。1916 年至上海，被聘为商务印书馆美术部部长，从学于吴昌硕，参加"海上题襟馆金石书画研究会"，又加入"西泠印社"。吴待秋书画并茂，以山水闻名，兼工花卉，山水画初传家学，后专学"四王"。用笔凝重，功力深厚，尤得灵性揣摹之妙，集明清诸家之长，融为一体。而花卉之作中，又以梅花名噪于世。民国时期影响海内外，与吴湖帆、赵叔孺、冯超然有"海上四杰"之誉。《北平笺谱》中所收其梅花笺，是他 50 岁前后在北京卖画时所作。他擅画密梅，尤喜画"五色梅"和"赭梅"，用墨浓淡适度，干湿分明，给人以生动、细腻的感受，其在京时曾受荣宝斋之邀画有雪梅、红梅、白梅、绿梅、赭梅及五色梅等每种 6 张信笺。吴待秋的梅花笺，取"扬州八怪"金农、罗聘之法，融于自身的写生画中，落笔轻盈，挥洒自如，故其所画梅花绮丽多姿，正反姿态跃然纸上：淡如白雪者有之，艳若桃李者有之，剑拔弩张者有之，文雅娴静者有之，繁花似锦者有之，枯木逢春者有之，真是千娇百媚，趣味盎然。鲁迅称其为"画笺高手",确非过誉之词。

这四人当中最有意思的要说王振声。王振声（1842—1922），一作（1836—1913），字劢农，一作少农，北通州（今北京通州）人。同治十三年旋即乞归，因号黄山遯叟。尝手绘意拓园图，以寓退隐之意。善书、画，承家学，花鸟得华嵒逸韵。宣统三年（1911）作梅花读书图，卒年八十一（一作七十八）。著《澹静草庐集》《清画家诗史》《韬养斋笔记》《寒柯堂随笔》《清代碑传文通检》。郑振铎在《北平笺谱》序中曾说："光绪末，北京画师李钟豫、刘锡玲、朱良材、王振声辈尝为肆人作笺，意在谐俗，乃坠恶道。"但笺谱中王振声作品不占少数，从其选出的王振声作品如水仙笺旁书"酒中仙"、莲蓬与藕笺题"不食人间烟火气，个中有酒即神仙"等，都能看出更具文人画的意蕴。因而为了体现光、宣那个喜好色彩偏重浓红深绿的笺纸的时代，鲁迅与郑振铎依然坚定自己的选择——选择那种情趣盎然，意态无穷的雅致纸笺。

北京画院也藏有一部《北平笺谱》，为原装原函，宣纸线装，色彩古雅，图案、雕刻、印刷三绝，绘画出自名手，刻印亦颇精良，印制精美。函套上有鲁迅好友沈兼士行草书题"北平笺谱"，并钤盖"荣宝斋制"。一函六册，瓷青纸书衣，书衣题签依然是沈兼士先生题写，并加盖"沈兼士"白文印。每册长 31.5 厘米，宽 21.5 厘米，宣纸对折印刷，无框栏，单面印刷。封一有沈尹默题字为"北平笺谱，鲁迅、西谛编，尹默"，名下钤"沈尹默"白文印，并盖有"北京中国画院藏书"。封一后为鲁迅继室许广

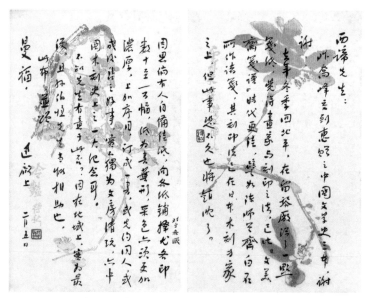

鲁迅致西谛（郑振铎）手稿　1933 年 2 月 5 日

平写的一篇序言：

　　荣宝斋历年在中国美术印刷方面做了很多工作。党和人民对这一文化事业给予大力的推崇。最近，又拟重印《北平笺谱》。为了原出书者郑振铎先生的逝世的悼念，为了原出书者那两人都去世了，而这一笺谱的生命永存，因此荣宝斋要我来说几句话。我认为：这一笺谱，记录了中国木刻艺术这一民族遗产的优秀，值得汲取若干养料，给久已被人忘记了的中国木刻做一发掘整理的工作，为后来者作参考，为今天中国木刻艺术推进一步的比较作佐证。这一书的印行是有理由的。至如选材的精湛与搜集各优秀作品的煞费一番心血，贡献给国内外爱好艺术的人们，原序已详细说明，就在今天来说，也值得一看的。

一九五八年十一月　许广平

这篇序言是以于右任风格的行书书写制版的，书写人不详。由此可知北京画院所藏《北平笺谱》为 1958 年许广平复刻版。奇怪的是 1958 年复刻版《北平笺谱》名字都会改为《北京笺谱》，画院这部名字却依然是《北平笺谱》，其与初版初印《北平笺谱》还是有些许不同的。笔者下面对比了中国书店所藏初版《北平笺谱》（中编号第七部）两者不同，并逐一进行分析。

一、序言

北京画院所藏《北平笺谱》（以下简称院藏笺谱）许广平序言后分别是鲁迅和郑振铎《北平笺谱》序文各一篇，其后为《北平笺谱目次》以及《笺名下注藏版处简称例》。

中国书店收藏《北平笺谱》（以下简称初版笺谱）其鲁迅和郑振铎序言，分别由魏建功和郭绍虞书写制版。魏建功是鲁迅的弟子，其笔画丰腴，具有明显的隶书遗意，字体秀整，一丝不苟。郭绍虞，名希汾，字绍虞，生于江苏苏州，我国著名的教育家、古典文学家、语言学家、书法家。文后加盖"鲁迅"白文印和"天行"朱文小印。院藏笺谱的序文原版可能不知去处，只能根据初版重刻，其行款一如原版，但笔画更为纤细，文后的"鲁迅"白

不负人间煨火气菌中有酒
即神仙 劭農盦摹伯題

王振声绘制笺

文印也是重新刻制，不如初版印章的线条流畅、自然。此外，魏建功的印章不再是"天行"朱文小印，而改为一方"独后来堂"的朱文大印。

　　郭绍虞书写的郑振铎序言也是重新刻制，与初版笺谱相比，线条亦纤细。最为明显的区别还是序文后的印章。初版笺谱郑振铎序文后共有四枚印章，其中题款"长乐郑振铎序"下为"郑振铎印"白文印和"西谛"朱文印；而另一题款"吴县郭绍虞书"左侧为"郭绍虞印"白文印和"照隅室"朱文印。院藏笺谱则只有"郑振铎印"白文印和"照隅室"朱文印两方印章。

二、牌记

初版笺谱牌记在全书的最后，即第六册末尾，系根据魏建功手书制版，全文如下：

一千九百三十三年九月勾工选材

印造一百部十二月全书成就此为

第七部

藏版者　荣宝斋　淳菁阁　松华斋

静文斋　懿文斋　清秘阁

成兴斋　宝晋斋　松古斋

选定者　鲁迅　西谛

其中"鲁迅"和"西谛"为鲁迅和郑振铎的手迹。号码为鲁迅先生亲笔编写。中国书店所藏为"第七部"。

院藏笺谱牌记安排在《笺名下注藏版处简称例》之后，正文之前。全文如下：

一千九百三十三年九月勾工选材印造一百部

一千九百三十四年再版一百部

藏版者　荣宝斋　淳菁阁　松华斋

静文斋　懿文斋　清秘阁

成兴斋　宝晋斋　松古斋

选定者　鲁迅　西谛

其中"鲁迅""西谛"的署名类似魏建功手迹。由此可知，院藏笺谱是以初版再版本为底本的。

三、《访笺杂记》版式

《访笺杂记》为郑振铎先生所作，相当于全书的后记，初版笺谱安排在第六册牌记之前，正文之后。初版笺谱排为繁体，每页15行，每行38字，标点居右，不占位置。院藏笺谱繁简字混合，每页15行，每行38字，标点居于右下方，占一字位置。

四、版权页

初版笺谱以牌记代替版权页。

院藏笺谱版权页为：

北京笺谱　Ｎｏ.Ｃ–121 ｋ。

编者：鲁迅　郑振铎

出版者发行者：荣宝斋新记（地址：和外琉璃厂86号）

经售者：国际书店（地址：崇内苏州胡同38号）

1958年12月（北京）

五、内文

北京画院所藏《北平笺谱》所收内容都与初版一致。在内文部分，题材、类别的编排初版笺谱和院藏笺谱基本相同，但具体排列次序存在差异。另外，在印刷的颜色浓淡上存在较多的差异。最为明显的差异体现在画面的辅助部分。分别列举如下：

（第一册）

1. 蔬果笺题字"霜后忽惊林色曙，虬珠万颗缀寒星"落款"松古之人"下用印不同。初版笺谱无印章，院藏笺谱有"松古"朱文印一枚。

2. 古彝器笺中"国差甔"款识、用印位置不同。初版笺谱款识居右，"静文斋"朱文印盖于款识之左；院藏笺谱款识居左，"静文斋"朱文印盖于款识之右。

3. 宝晋斋花卉笺图案式样和图章位置不同。其中，桃花笺和茶花笺初版笺谱为横式，"宝晋"钱币形朱文印居于右下方；院藏笺谱为竖式，"宝晋"钱币形朱文印居于左下方。

（第二册）

1. 松华斋人物笺赵之谦所绘钟馗笺用印不同。初版笺谱中"吴昌硕读过"下无印章，院藏笺谱则加盖"昌石"白文小印。

2. 成兴斋王诏所绘花鸟笺题款用印不同。其中金鱼笺的初版笺谱题款为"王诏"，下盖瓦当形"成兴"朱文印；院藏笺谱题款为"绍青"，下盖古鼎形"成兴"朱文印。鸟雀笺的初版笺谱题款"王诏"下盖古鼎形"成兴"朱文印；院藏笺谱题款"王诏"，下盖瓦当形"成兴"朱文印。桃子笺的初版笺谱题款为"绍青写"，下盖随形横式"成兴"朱文印；院藏笺谱题款为"绍青"，下盖甲虫形式"成兴"朱文印。海棠笺的初版笺谱题款为"绍青"，下盖甲虫形竖式"成兴"朱文印；院藏笺谱题款为"王诏"，下盖瓦当形"成兴"朱文印。鸟雀笺的初版笺谱题款"庚子王诏写"，未盖印章；院藏笺谱题款为"绍青写"，下盖随形"成兴"朱文印。花卉笺的初版笺谱题款为"王诏"，下盖瓜形"成兴"朱文印；院藏笺谱题款为"庚公"，下盖果形"成兴"朱文印。花卉笺的初版笺谱题款为"庚公"，下盖果形"成兴"朱文印；院藏笺谱题款为"王诏"，下盖古鼎形"成兴"朱文印。游鱼笺的初版笺谱题款"绍青"，下盖古鼎形"成兴"朱文印；院藏笺谱题款为"王诏"，下盖瓦当形"成兴"朱文印。水仙笺的初版笺谱题款为"王诏"，下盖瓦当形"成兴"朱文印；院藏笺谱题款为"绍青"，下盖甲虫形竖式"成兴"朱文印。

3. 懿文斋李伯霖所绘花卉笺图案式样不同。院藏笺谱排版竟然出错，将第一幅花卉排版时顺时针旋转了90°，本为横版改成竖版。

（第三册）

1. 王振声为荣宝斋所绘动物笺和花果笺用印不同。其中，初版笺谱的蝙蝠笺为"王振声"白文印，右下角盖有"荣宝"随形印一枚；院藏笺谱为"王振声"阴阳印，右下角无随形印。仙鹤笺中初版笺谱有"荣宝"引首章，院藏笺谱则无。芦雁笺的初版笺谱"劲农"印下有"荣宝"随形印，院藏笺谱则无。翠竹笺初版笺谱盖"荣宝"随形印，院藏笺谱盖"荣宝所作"随形印。

2. 冷香为成兴斋所绘时令笺中的秋荷笺。院藏笺谱出现失误，多印了一朵荷花，这朵荷花头朝下，竟然没有花茎。

3. 林纾为荣宝斋所绘山水笺用印不同。其中初版笺谱"斜日起凭栏，垂杨舞暮寒"笺右下角盖"荣宝"扁平白文印，院藏笺谱则在同一位置盖"荣宝"扁平朱文印。

（第四册）

姚茫父为静文斋所绘古佛笺用印有所不同。其一初版笺谱"茫父"印下加盖扇形"静文斋"朱文印，院藏笺谱则加盖瓦当形"静文"朱文印。其二、其三、其四初版笺谱"茫父"印下加盖方形"静文斋"朱文印，院藏笺谱则加盖瓦当形"静文"朱文印。

（第五册）

1. 齐白石为荣宝斋所绘花果笺用印不同。其中初版笺谱中南瓜笺、松果笺、菊花笺加盖的随形"荣宝所作"朱文印，葡萄笺、牵牛花笺、石榴笺、荷花笺、丝瓜笺盖的"荣宝"朱文印，荔枝笺、豆荚笺、玉兰笺上的"荣宝主人"方形朱文印，院藏笺谱则皆省略。

2. 齐白石为静文斋所绘人物笺题字不同。其二"也应歇歇"笺原题字为"八大本，白石制。静文斋之属"，院藏笺谱则删去"静文斋之属"五字。其三"可哭亦可笑"笺有题字，院藏笺谱则删除"可哭亦可笑"五字。

3. 王梦白为松古斋所绘花卉笺用印不同。初版笺谱不用印，院藏笺谱"梦白"下则加盖"松古"朱文印。

4.陈半丁为松华斋所绘花卉笺用印不同。其中"渥赭"笺、"金琅玛"笺、"秋江艳冷"笺、"堪佐黄华佳客觞"笺，初版笺谱均加盖"松华"朱文印，院藏笺谱则加盖"杰华"朱文印。

5.章炳汉为静文斋所绘山水笺用印不同。其中"松籁泉声"笺初版的"浩如"印下加盖"静文"朱文印，院藏笺谱则在右下角加盖随形"静文斋"朱文印。

（第六册）

1.吴待秋为荣宝斋所绘梅花笺用印不同。其中初版笺谱中"颜色孤山嫌太好"笺"荣宝斋制"朱文印与绿梅笺"荣宝"朱文印，院藏笺谱都省略；"铁如意击珊瑚"笺初版无印章，院藏笺谱则加盖"待秋"朱文印。而像"姚梅伯谓童二树画梅剑拔弩张直是沧夫伎俩耳"的"荣宝斋"朱文印、"梅花老去"笺的"荣宝斋所制"朱文印、"珊瑚枝"笺的"荣宝斋作刊"朱文印、"古雪"笺的"荣宝"朱文印、"丰姿绰约"笺的"北平荣宝斋制笺"朱文印，院藏笺谱都全部省略。

2.吴待秋等为静文斋所绘梅花笺用印不同。其中"梅花漏泄春消息"笺初版右下角加盖随形"静文斋梅花笺"朱文印，院藏笺谱则加盖随形"静文斋制笺"朱文印；齐白石绘"梅花八哥"笺初版左下角加盖随形"静文斋精制"朱文印，院藏笺谱则加盖随形"静文斋"朱文印；"冷艳"笺初版右下角加盖随形"静文斋"朱文印，院藏笺谱则加盖随形"静文斋梅花笺"朱文印。初版笺谱中汪溶、吴宁祁、苍虬居士所绘梅花笺和袁匋盦绘"不知是雪是梅花"笺的"静文斋梅花笺"朱文印，院藏笺谱则改为"静文斋制笺"朱文印。初版"雪湖梅法逻翁拟"笺加盖的方形"静文斋"朱文印，院藏笺谱则改为随形"静文斋"朱文印。

3. 汪溶、陈少鹿、马晋、王梦白为荣宝斋所绘壬申笺用印不同。初版笺谱中：汪溶绘笺谱的随形"荣宝"朱文印、陈少鹿绘笺随形"荣宝斋"朱文印、马晋绘笺谱葫芦形"荣宝"朱文印、王梦白绘笺盖方形"北平荣宝斋制笺"朱文印，这些院藏笺谱则都省略。初版"湛如马晋"笺未用印，院藏笺谱又加盖"伯逸"朱文印。

4. 王梦白、王羽仪、齐白石、马晋为荣宝斋所绘癸酉笺用印不同。初版笺谱中王梦白绘笺的"荣宝斋制"朱文印、王羽仪绘笺的"荣宝"朱文印、齐白石绘笺的"荣宝斋"朱文印、马晋绘笺的"荣宝斋所制"朱文印，院藏笺谱也都省略。

通过以上这些近似琐碎的比较，可以发现：北京画院藏《北平笺谱》以初版《北平笺谱》为蓝本，可能因年久序言的原版丢失，印章也有损，整体来说略有改动，但里面收录的内容并不失其原貌。

总的来看，北京画院所藏《北平笺谱》经过时间的洗礼设色变得更加沉稳雅致，最大限度地保存了这一传统的艺术资料，非常珍贵。虽为中华人民共和国成立后按原版又重刻重印，依然堪称"中国木刻史上断代之丰碑"。其既有民国艺术大家之雅趣，于木版间雕镂其技，以制成笺，聊图悦目；又有清时光绪年间纸铺制笺，取明季画谱，前人小品，廓其艺于纸，才华蓬勃，笔简意饶；又顾及刻工的鬼斧天成之作实在难得。鲁迅尚且爱不释手，更何况今者乎？

《北平笺谱》序一

镂象于木，印之素纸，以行远而及众，盖实始于中国。法人伯希和氏从敦煌千佛洞所得佛像印本，论者谓当刊于五代之末，而宋初施以彩色，其先于日耳曼最初木刻者，尚几四百年。宋人刻本，则由今所见医书佛典，时有图形；或以辨物，或以起信，图史之体具矣。降至明代，为用愈宏，小说传奇，每作出相①，或拙如画沙，或细于擘发，亦有画谱，累次套印，文彩绚烂，夺人目睛，是为木刻之盛世。清尚朴学，兼斥纷华，而此道于是凌替。光绪初，吴友如据点石斋，为小说作绣像，以西法印行，全像之书，颇复腾踊，然绣梓遂愈少，仅在新年花纸与日用信笺中，保其残喘而已。及近年，则印绘花纸，且并为西法与俗工所夺，老鼠嫁女与静女拈花之图，皆渺不复见；信笺亦渐失旧型，复无新意，惟日趋于鄙倍。②北京夙为文人所聚，颇珍楮墨，遗范未堕，尚存名笺。顾迫于时会，苓落将始，吾侪好事，亦多杞忧。于是搜索市廛，拔其尤异，各就原版，印造成书，名之曰《北平笺谱》。于中可见清光绪时纸铺，尚止取明季画谱，或前人小品之相宜者，镂以制笺，聊图悦目；间亦有画工所作，而乏韵致，固无足观。

---

① 出相，与下文的绣像、全像均指旧时小说、戏曲中的插图。
② 鄙倍，同鄙背，粗陋背理。

宣统末，林琴南先生山水笺出，似为当代文人特作画笺之始，然未详及。中华民国立，义宁陈君师曾入北京，初为镌铜者作墨合、镇纸、画稿，俾其雕镂；既成拓墨，雅趣盎然。不久复廓其技于笺纸，才华蓬勃，笔简意饶，且又顾及刻工省其奏刀之困，而诗笺乃开一新境。盖至是而画师梓人，神志暗会，同力合作，遂越前修矣。稍后有齐白石、吴待秋、陈半丁、王梦白诸君，皆画笺高手，而刻工亦足以副之。辛未以后，始见数人，分画一题，聚以成帙，格新神涣，异乎嘉祥。意者文翰之术将更，则笺素之道随尽；后有作者，必将别辟途径，力求新生；其临睨夫旧乡，[①]当远俟于暇日也。则此虽短书，[②]所识者小，而一时一地，绘画刻镂盛衰之事，颇寓于中；纵非中国木刻史之丰碑，庶几小品艺术之旧苑；亦将为后之览古者所偶涉欤。

千九百三十三年十月三十日鲁迅记

天行山鬼书

《北平笺谱》序二

诗笺之作，由来已久，迨明季胡曰从十竹斋笺谱出，精工富丽，备具众美，中国雕版彩画至是叹为观止。李克恭序云："昭代自嘉隆以前笺制朴拙，至万句中年稍尚鲜华，然未盛也。至中

---

① 语出《离骚》："陟皇之赫戏兮，忽临睨夫旧乡。"
② 短书，指笺牍。宋代赵彦卫《云麓漫钞》："短书出晋宋兵革之际，时国禁书疏，非吊丧问疾不得行尺牍，启事论兵皆短而藏之。"

吴待秋绘梅花笺

晚而称盛矣！历天崇而愈盛矣。就今传明人简牍之用笺观之，足证斯言之不谬。清初陈洪绶、萧云从主持画坛，离骚图博古页子，传刻遍天下。八口之家，至赖以举火。时工之著者，有黄子立、鲍承勋等，皆以镂象世其家。康乾之际，盛况犹昔。世传成亲王笺秀丽不减胡氏。嘉道以还，始渐衰。同光之时，尤为零落。光绪末，北京画师李灵豫、刘锡玲、朱良材、王振声辈，尝为肆人作笺，意在谐俗，乃坠恶道。至宣统中，林琴南先生独取玉田梦窗词意，制为山水笺，清趣盎然。文人为笺作画，始始于此。民国初元，陈师曾先生为墨盒作画稿，镌成试拓以墨，付淳菁阁制笺，乃别饶奇趣。后续成新笺若干幅，无不佳抄，抒写性情，随笔点染，虽小景短笺，意态无穷，于十竹斋、萝轩外，盖别辟一

吴待秋绘梅花笺

境矣。姚茫父先生继之，作唐画砖笺，西域古迹笺，虽仅仿古，
不同创作，然亦开后来一大派，时六龄童子陈福丁，信手涂抹，
独见天真，亦得付之匠氏，足征作笺之事颇亦为时人所歆羡矣！
近十余年，作者辈出，齐白石、吴待秋、陈半丁、王梦石、溥心
畬诸君子，均高雅不群，惟制笺固以画稿为主，刊印亦贵精良。
李克恭云："饾版有三难：画须大雅，又入时眸，为此中第一义；
其次则镌忌剽轻，尤嫌瘀钝，易失本稿之神；又次则印拘成法，
不悟心裁，恐损天然之韵。去其三疵，备乎众美，而后大巧出焉。
近代刻笺名手，首推山西张启和，居琉璃厂西门，陈姚诸作皆出
其手。张氏既逝，继起者有张东山、杨华庭等，皆能不失本稿神
采，而刷印之工亦足以副之，众美殆亦已备尔。然盛极则难为继，

今厂肆已有弃其成法，投合时好者。尝见松古斋为西人制笺，纸劣工粗，墨浮色涩，林陈之风荡然。又见豹文斋复刻黄瘿瓢人物笺，草率尤甚。清秘阁尝仿刻十竹斋数笺，丰韵十去其六，然规模固在也。近得其新印者，则版片错乱，色泽不匀。是并刷印之工亦不可恃矣。意者刻笺之业，其将随此古城之荒落而销歇乎？

鲁迅先生于木刻画夙具倡导之心，而于诗笺之衰颓，尤与余同有眷恋顾惜之意，尝数与余言之，因有辑印北平笺谱之议，自九月始工，迄十二月竣事其间商榷体例，访求笺样，亦颇费苦辛。入选者凡三百四十幅，区为六册，首仿古诸笺，纪所始也；次戴伯和、李伯霖、李钟豫、王振岚、刘锡玲及李瑞清、林琴南诸氏所作，迹光、宣时代之演变也。次陈衡恪、金城、姚华之作；次齐璜、王云、陈年、溥儒、吴征、萧愻、江采、马晋诸氏之作，征当代文人画之流别也。而以吴、汤等二十家梅花笺、王云等数家壬申笺、癸西笺殿焉。今日所见之诗笺，盖略备于兹矣。谭中国版画史者，或亦有所取乎！

中华民国二十二年十二月长乐郑振铎序

吴县郭邵庚书

式样古雅精益求精
——《北平荣宝斋诗笺谱》

　　1933 年，鲁迅和郑振铎先生在荣宝斋的协助下辑印了《北平笺谱》。一经面世，即引得洛阳纸贵。荣宝斋被郑振铎誉为"诸笺肆中的白眉"（才可担任此重任）。《北平笺谱》共收录了 65 幅荣宝斋作品，绘制精美，题材多样，刻印精良。由于印制《北平笺谱》使得荣宝斋有了更多的笺谱印制经验，作为百年老店，它也开始在同一年印制自己的笺谱《北平荣宝斋诗笺谱》，

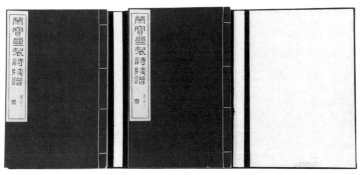

《北平荣宝斋诗笺谱》封面　北京画院藏

并一直延续至 1957 年。荣宝斋分别于 1935 年、1951 年、1952 年、1953 年、1955 年、1957 年，出版过不同的自制笺谱。所含笺画数量，少则 80 种，亦有 120 种、160 种，最多达 200 种。除笺画种类、数量不同，版次笺谱的题签、目录、序言等也差别巨大。

一、笺谱概要

荣宝斋首次将所制画笺汇集出版是在民国乙亥年（1935）。此版笺谱，色泽清雅淡幽，最接近日常出售笺纸的本来面貌。乙

张大千绘制山水笺

溥心畬绘制山水笺

亥版荣宝斋诗笺谱共有三种封面题签：一为清秀的唐楷："北平荣宝斋诗笺谱，乙亥杨钟羲。"一为行楷："北平荣宝斋诗笺谱，乙亥夏萧愻题。"一为隶书："荣宝斋制诗笺谱，罗振玉。"不知是人工装函的原因，还是故意为之。函套的题签与封面的题签并不完全对应，常常函套为罗振玉题签，封面却是为萧愻所题，或函套是萧愻题签，打开函套一看，书封又换作杨钟羲题。

而北京画院藏有两部《北平荣宝斋诗笺谱》，均为乙亥年（1935）荣宝斋自编自印的。两部都为一函上下两册，收入笺画

李鹤筹绘制花卉笺

200 幅，线装尺寸为长 32.5 厘米，宽 21.5 厘米，高 3 厘米。上册无框栏，下册有框栏，框栏尺寸为长 14.5 厘米，宽 23.4 厘米。册页的扉页由溥雪斋"北平荣宝斋诗笺谱，乙亥仲夏，雪斋题"。题签，寿石工作序，序言曰："纸为文房用品，尤以信笺、诗笺日不可少。晚近舶来品充斥都市，硬黄匀碧，侧理细纹，非不俨然旧制也。其如不受笔、不受墨者何！荣宝斋主人精制信笺、诗笺，式样古雅，纸必取本国产用者便之。尤以书画必倩名手，山水人物，花草鱼鸟，精益求精，期合艺术。卅数年来，积版盈千，抉其优者，都二百种，制为笺谱。玩邃事出以示余，因书数语归之。"寿石工对此笺谱评价颇高，可见印制笺谱当年盛况和影响。

百花笺　　　　　　　　　　马晋绘制甲戌笺

　　两部笺谱均为原装、原函、原签，开本宏阔，套印准确，色彩艳丽，印制考究，装帧精美，品相上乘。所用宣纸为郭葆昌所制"觯斋纸"，因其纸质纤维细滑薄如蝉翼，使得墨色鲜艳夺目，加倍衬出精刻、精印之感，故此为民国极为珍罕的版本。

　　二部笺谱的区别为：一者函套为罗振玉题签，内里册页为杨钟羲题签；二者函套为萧谦中题签，内里册页也为萧谦中题签。其中所收诗笺内容不大相同，排版顺序略有不同。笔者这里简要介绍一下题签人物的背景资料。

　　罗振玉（1866—1940），字式如、叔蕴、叔言，号雪堂，永丰乡人，晚号贞松老人、松翁。农学家、教育家、考古学家、金

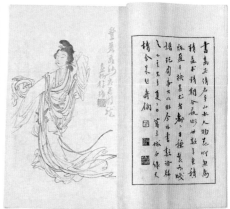

《北平荣宝斋诗笺谱》

石学家、敦煌学家、目录学家、校勘学家、古文字学家，中国近代考古学的奠基人，对中国科学、文化、学术颇有贡献，参与开拓中国的现代农学、保存内阁大库明清档案、从事甲骨文字的研究与传播、整理敦煌文卷、开展汉晋木简的考究、倡导古明器研究。其一生著作达 189 种，校刊书籍 642 种。

杨钟羲（1865—1940），原名钟广，光绪二十五年（1899）改派外任时冠姓杨，易名钟羲。字子晴，又作子勤、芷晴、子琴、梓勤，号留垞、圣遗、雪桥，室名研左盦，谥号文敬。汉军正黄旗人。著有《雪桥诗话》，与表兄盛昱合辑《八旗文经》。

萧谦中（1883—1944），安徽怀宁人。早年师从姜筠学习山水画。后出游西南、东北名胜，行万里路，开阔艺术视野。1921年重返北京，广泛涉猎历代名家作品，深得传统艺术精华，尤醉心石涛、龚贤、梅清。1920 年与周肇祥、金城、陈师曾等人发

《北平荣宝斋诗笺谱》

起成立中国画学研究会。曾任教于北京美术专科学校及中国画学研究会。萧谦中初从临"四王"山水起步，后涉宋元诸家，受明清之际"黄山画派"影响较大。出版有《萧龙樵山水精品二十四帧》《课徒画稿》。

由此可见，罗振玉、杨钟羲、萧谦中均为民国时期的名人雅士，都能诗文、善书画、懂金石，可想他们对诗笺艺术肯定也是有一定研究的。荣宝斋请这三位名人为《北平荣宝斋诗笺谱》题签表示了其重视程度，也使此笺谱具有了重要的艺术史研究价值。

二、题材分类

《北平荣宝斋诗笺谱》内收古代名笺小品以及当代大家笺画作品共 200 幅，精工制作，色彩艳丽，淡雅相宜，体现了民国笺谱制作的最高水平。题材有清供、博古、山水、人物、花草、珍禽、蔬果等，画幅虽小，却结构严谨、匀称工整，细腻不繁，变化明快。画院所藏萧谦中题函套，编目如下：

上集：仕女二种（徐燕孙），草虫六种（齐白石），花卉十八种（张大千），人物四种、山水六种（溥心畲），花卉六种（王师子），子鼠两种（王雪涛、齐白石），丑牛四种（颜伯龙、齐白石、马晋、王雪涛），寅虎四种（马晋、曹克家、袁世桢、王雪涛），卯兔四种（颜伯龙、王雪涛、曹克家、陈缘督），辰龙四种（陈缘督、王雪涛、徐燕孙、马晋），申猴四种（王梦白、陈少鹿、汪溶、马晋），酉鸡四种（马晋、王梦白、王羽仪、齐白石），戌狗四种（陈缘督、王梦白、马晋、王羽仪），花卉果蔬十二种（齐白石），梅花八种（吴待秋），鱼虫八种（齐白石）

下集：兰花一种（陈师曾），山茶花一种（金北楼），水果两种（齐白石），山水八种（张大千、溥心畲合作），山水八种（陈半丁），山水八种（张大千），花卉八种（李鹤筹），草虫四种（杨济川），仿怡王府角花笺八种，仿十竹斋博古笺八种，花卉十四种（王绍农），仿百花诗笺十四种，仿十竹斋故事笺八种，禽鸟四种（王绍农），越园梅菊笺四种。

另一套罗振玉题函套，编目如下：

上集：仿怡王府角花笺四种，花卉六种（张大千），山水六种（溥心畬），戌狗四种（马晋、王羽仪、陈缘督、王梦白），陈淳花卉十种，梅花八种（吴待秋），山水人物四种（吴观岱），越园山水四种，酉鸡四种（马晋、王羽仪、齐白石、王梦白），申猴四种（王梦白、汪溶、马晋、陈少鹿），黄慎人物笺八种，越园花卉笺三种，百花笺五种，花卉笺十二种（齐白石），花卉十四种（王绍农），杂画四种（刘锡玲）

下集：仿十竹斋博古笺一种，禽鸟十四种（王绍农），梅兰竹菊四种，人物笺四种（齐白石），越园梅菊笺四种，花卉八种（刘炳堂），山水一种（刘炳堂），仿百花诗笺十五种，山水十种（林纾），梅花十种（吴待秋），仿十竹斋博古四种，花卉四种（刘锡玲），婴戏两种，午马二种（马晋、佚名）

两套笺谱，内容有重叠。整体比较两部笺谱，萧谦中题函套这套笺谱的纸张稍厚，设色更为浓艳，每一笺都可以成为独立的小幅作品。而罗振玉题签的这套《北平荣宝斋诗笺谱》纸张更为轻薄，设色浅淡，所选笺纸也是以单色印版居多，也更为文气雅致，更为实用适合书写。

其中涉及古代名笺小品，全是按照《十竹斋笺谱》中笺纸翻刻而成，并充分运用象征手法和简明形象表达传统历史故事。比如《十竹斋笺谱》中"博古""尚志""敏学""应求""建义""灵瑞"这六个题材，均有不同的含义，《北平荣宝斋诗笺谱》都有涉猎，但又不完全相同。

"博古"，故名为博古器具，《十竹斋笺谱》原谱为 8 种，每幅上画着青铜器 3 种。《北平荣宝斋诗笺谱》8 种均存，8 种上面均有寿石工的题跋，大意是此印谱是翻刻《十竹斋笺谱》博古题材，并肯定了荣宝斋刻工的技艺精湛。笺谱上还都有"荣宝"二字的钤印。

"尚志" 8 种，写 8 位古人风范，以景喻人。每幅笺画分别题为蠡湖、柳下、渭钓、耕莘、南阳庐、筑岩、朱泗、赤松各标题。《北平荣宝斋诗笺谱》只剩蠡湖、柳下、朱泗，题签写"十竹斋"，落款均有"荣宝"二字。

"高标" 8 种，每幅笺画分别题为冰鉴、达旦、齐马、思鲈、四知、麦舟、篱菊、采药。《北平荣宝斋诗笺谱》仅有麦舟 1 种，落款为"麦舟十竹斋"，钤印"荣宝"二字。

"应求" 8 种每幅笺画分别题为如兰、下榻、云龙、倒屣、周行、木瓜、拥彗、倾盖。《北平荣宝斋诗笺谱》保留其中 3 种，如《倾盖》一图，图画伞盖、锦褥及书卷，写孔子路遇程子的故事。

"建义" 8 种每幅笺画分别题为焚券、投笔、汉节、铜柱、金縢、遗棠、丹书、补衮，《北平荣宝斋诗笺谱》只保留遗棠 1 种，落款有题签写"十竹斋"，有印款为"荣宝"。

"灵瑞" 8 种每幅笺画分别题为金芝、景星、神龙、嘉禾、在郊、卿云、紫玉、来仪，《北平荣宝斋诗笺谱》保留景星 1 种，落款题签写"十竹斋"，有印款为"荣宝制"。

此外，《北平荣宝斋诗笺谱》除保留了原来《十竹斋笺谱》中题材，其他笺画均以民国时期的人文画家笺纸作品为主，主要有齐白石、溥心畲、吴待秋、王雪涛、徐操、颜伯龙、王梦白、张大千、马晋等人的笺纸作品。动物题材中以齐白石、马晋所绘作品为主，山水以张大千和溥心畬所绘作品为主，花卉题材中以齐白石、吴待秋、越园所绘作品为主。

从《北平荣宝斋诗笺谱》对于笺画题材的选择中，我们可以看出古代题材作品中具说教意义和内涵的诗笺内容只占小部分，而以动物、花卉和山水为主的自然题材则占主要部分。而其实在同一时期，鲁迅与郑振铎对《十竹斋笺谱》非常重视，正在不断尝试，重新刊印《十竹斋笺谱》第一卷。但由荣宝斋自编自印的《北平荣宝斋诗笺谱》并没有将《十竹斋笺谱》中内容作为重点编入笺谱。这既反映出了荣宝斋对于笺谱题材的自主选择性，注重对当时名人艺术作品的积极推广，在艺术宣传及文化传播方面起到了一定的积极作用。而另一方面，山川、花卉、动物等这些自然题材的着重表现，更与民国社会所倡导的"打破旧制，解放思想，注重人性"的社会新风气息息相关。特定历史时期人们对于个别题材的偏爱，不仅由个人的审美趣味所决定，更是历史的时代背景所选择的。通过对笺画题材分析，可以发现笺谱其背后所蕴含的文化思想内涵及其所反映的社会思想观念的变化。

三、荣宝斋印制笺谱技术

清光绪丙申年（1896），荣宝斋在井院胡同 2 号设立"帖套作"，制作各种文房纸品，主营笺纸业务，并聘请戴广斋、王月轩等专家收徒传艺。"荣宝斋帖套作"的创立，打破了承接笺纸订单再转由作坊代工的传统生产模式，更为此后独立生产木版水印作品奠定了基础。荣宝斋先后印制《七十二候笺》《二十四节气封套》《聋道人百种诗笺》等笺纸作品。

1926年，荣宝斋特聘王仁山为经理。王仁山致力于发扬传统雕印版画工艺，先后主持了《十二辰笺》《明代拱花博古笺》《荣宝斋制诗笺谱》等笺谱大系，亲自指导，参与勾描、雕版、印刷、装裱等全部工序，被誉为"琅琊妙手"。而在《北平荣宝斋诗笺谱》博古类诗笺中寿石工的题跋还都提及"琅琊妙手"的王仁山。在王仁山的带领下，荣宝斋老一辈技师"以刀代笔""以帚作染"，在他们的不懈耕耘下，"饾版""拱花"逐渐应用于印制纸本、绢本书画作品之中。荣宝斋将这种以梨木为刻版、以水调色的印制特点将其更名为"木版水印"，由此揭开了彩色雕印技术发展的新篇章。

荣宝斋重振"饾版""拱花"印法，开创"木版水印"先声的探索过程，始于《北平笺谱》以及重刊《十竹斋笺谱》。前文提到过，在郑振铎与鲁迅两位先生的支持下，荣宝斋承印《北平笺谱》与《十竹斋笺谱》，使"饾版""拱花"这一古老的印刷技术重获生机。《十竹斋笺谱》第一卷扉页后附有翻印说明："中华民国二十三年十二月，版画丛刊会假通县王孝慈先生藏本翻印。编者鲁迅、西谛，画者王荣麟，雕者左万川，印者崔毓生、岳海亭，经理其事者，北平荣宝斋也。纸墨良好，镌印精工，近时少见，明鉴者知之矣。"荣宝斋所制《十竹斋笺谱》继承前代套印和拱花之精华，刻印水平已接近明代，"印成持较原作，几可乱

《北平荣宝斋诗笺谱》

真"，使一度沉寂的制笺技艺重现昔日辉煌。因而在编印《北平荣宝斋诗笺谱》时期，荣宝斋的制版技术已经非常成熟。其采用了多种印制方法，"饾版""拱花"在这里很好地结合，集雕印技艺于一炉，代表了民国笺谱印刷技术的最高水平。

"饾版"指明万历年间安徽民间流行的一种木刻套版多色叠印的印刷方法。在前文介绍《萝轩变古笺谱》和《十竹斋笺谱》都提到过。而《北平荣宝斋诗笺谱》印制也是如此，先根据画稿设色深浅浓淡、阴阳向背的不同进行分色，刻成多块印版，然后依色调套印或叠印。"饾版"套印在印刷过程中，技术要求极为严格，套版必须准确，还要掌握水分的多少，在版上往淡色中加重彩或其他颜色，使之自然衔接、融合，以显示深浅、浓淡、阴阳、向背、远近、虚实，印出后达到在宣纸上酷似画出来的笔墨效果。一幅图画往往要刻三四十块版子，先后轻重印六七十次。

除饾版套印以外，《北平荣宝斋诗笺谱》保留《十竹斋笺谱》的题材中还使用了"拱花"一法。在"博古"8 种笺画就都采用了"拱花"衬托，极为古雅精美。

《北平荣宝斋诗笺谱》不但在印刷技术上运用传统印刷方式，而且其在颜色运用上也依照了中国传统配色方法，比如藤黄、花青、赭石、胭脂几个颜色的大量强烈对比的运用。而其颜料也皆由荣宝斋刻版艺人用天然矿物质磨制而成，因而今天看之亦如全新。"拱花"与"饾版"结合，能分出颜色深浅、背光受光、远山近水，从其技艺而言，做到了画、刻、印的有机结合，并充分发挥了水色和纸张的性能，使所印木刻具有干、湿、浓、淡、虚、实等多种艺术效果。

《北平荣宝斋诗笺谱》在题材内容选择上，人力弘扬民国取得的艺术成就，并与时代脉搏相统一，传达出民国时期"注重自然，解放内心"的艺术追求。在印制技法上，"饾版"彩印绚丽的色彩和"拱花"凹凸立体的线条完美地融为一体，表现出一种精致、典雅、妍丽的画面效果。因而，《北平荣宝斋诗笺谱》不光成为民国文人雅士竞相购买的案头必备，也在中国版画史及印刷史上书写了极为重要的一页。

手捻红笺寄人书
——齐白石画笺的诗情画意

一、齐白石画笺的渊源

齐白石早年就曾画笺给朋友使用。在他《白石老人自述》一文中提道："那时，龙山诗社从五龙山的大杰寺内迁出，迁到南泉冲黎雨民的家里。我往来于龙山、罗山两诗社，他们都十分欢迎。这其中另有一个原因，原因是什么呢？他们要我造花笺。我们家乡，是买不到花笺的，花笺是家乡土话，就是写诗的诗笺。两个诗社的社友，都是少年爱漂亮，认为做成了诗，写的是白纸，或是普通的信笺，没有写在花笺上，觉得是一件憾事，有了我这个能画的人，他们就跟我商量了。我当然是义不容辞，立刻就动手去做，用单宣和官堆一类的纸，裁八行信笺大小，在晚上灯光之下，一张一张地画上几笔，有山水，也有花鸟，也有草虫，也有鱼虾之类，着上了淡淡的颜色，倒也雅致得很。我一晚上能够画出几十张，一个月只要画上几个晚上，分给社友们写用，就足够的了。王仲言常常对社友说：'这些花笺，是濒生辛辛苦苦造成的。我们写诗的时候，一定要仔细地用，不要写错。随便糟蹋了，非但是怪可惜的，也对不起濒生熬夜的辛苦！'说起这花笺，另有一段故事：在前几年，我自知文理还不甚通顺，不敢和朋友们通信，黎雨民要我跟他书信往来，特意送了我一些信笺，逼着我给他写信，我就从此开始写起信来，这确是算得我生平的一个纪念。不过雨民送我的，是写信用的信笺，不是写诗用的花笺。为了谈起造花笺的事，我就想起黎雨民送我信笺的事了来。"

可以看到齐白石早年为亲手绘制花笺以赠友人，而所涉猎的题材为山水、花鸟、鱼虾，不涉及人物笺画。

1919 年齐白石因避湘乱而入京，开始定居北京法源寺。齐白石手稿中《己未日记》则有详细记录："己未正月廿四日出门，行七日始到长沙……三月初二下午八点钟买车据，十一点半开车往北京。初四日早到北京。见杨潜庵，伊代佃法源寺羯磨寮房三间居焉，当付佃金八元，立有折据。"这一年他开启职业画家生涯，开始为荣宝斋、清秘阁、静文斋、欣生堂、松花斋等南纸铺画笺纸。当然这时候他不再需要手绘花笺，而是提供画稿，供雕版后木版水印即可。

二、北京画院藏齐白石画笺

北京画院古籍藏品丰富，现存古籍 1 万余册。建院之初，叶恭绰先生等画院元老就为北京中国画院购得一批精刻善本古籍，其中包括康熙年间精刻本《佩文斋书画谱》《历代题画诗类》《墨池编》《梅花喜神谱》《汉溪书法通解》《四铜鼓斋论画集刻》等。具有艺术史料价值的笺谱，也在购买收藏时非常受重视。近现代的木版水印笺谱北京画院收藏全面，在国内其他图书馆都罕见这么齐全的笺谱种类。这些笺谱在艺术市场上也一直保持着连年增值的态势，稀缺的《北平笺谱》、觯斋纸专印本《北平荣宝斋诗笺谱》、1951 年《北京荣宝斋新记诗笺谱》成交价都在 10 万元以上，而 1957 年《北京荣宝斋诗笺谱》市场上也极为少见，仅在去年有一部上拍。北京画院现藏民国到中华人民共和国成立初的笺谱有 1958 年《北平笺谱》复刻版一部，1935 年《北平荣宝斋诗笺谱》《荣宝斋制诗笺谱》二部，1955 年《北京荣宝斋新记诗笺谱》一部，1957 年《北京荣宝斋诗笺谱》一部，这几部笺谱对民国到中华人民共和国成立初的木版水印艺术研究具有很高的学术价值，可完整勾勒出一部近现代中国笺谱史。在几部重量级院藏笺谱中都收入了不少齐白石画笺。笔者经过统计，现将所藏齐白石画笺情况统计如下 [1]：

---

[1] 为了横向、纵向看画笺的时代意义，下面按照原版出版时间顺序进行排列。

北京画院藏齐白石画笺简表

笺谱名称	成谱时间	制笺机构、编者	册数幅数	齐白石画笺选入情况
北平笺谱	1958	荣宝斋（制）鲁迅、郑振铎合编	6册340幅	共22幅 第五册：荣宝斋藏李振华刻花果笺12幅，松华斋藏张东山刻花果笺4幅，静文斋藏杨华庭刻人物笺4幅。 第六册：静文斋藏杨华庭刻梅花笺1幅，荣宝斋藏李振华刻癸酉笺1幅。
北平荣宝斋诗笺谱	1935（待考）	荣宝斋（制）	2册200幅	共31幅 上册：套色草虫笺6幅，单色草虫笺4幅，动物笺4幅，生肖笺3幅，花卉笺12幅。 下册：花果笺2幅。
荣宝斋制诗笺谱	1935	荣宝斋（制）	2册200幅	共17幅 上册：癸酉笺1幅，花卉笺12幅。 下册：人物笺4幅。
北京荣宝斋新记诗笺谱	1955	荣宝斋（制）	2册80幅	共32幅 上册：禽鸟草虫笺16幅。 下册：花果动物笺16幅。
北京荣宝斋诗笺谱	1957	荣宝斋（制）	4册160幅	共43幅 第一册：草虫笺6幅、禽鸟笺8幅、花果笺12幅、花卉鱼蟹笺10幅、人物笺4幅。 第二册：子鼠笺1幅、丑牛笺1幅、酉鸡笺1幅。

通过以上对比可知齐白石画笺在入选笺谱时，具有其延续性和时代性。

1.《北平笺谱》

《北平笺谱》在收录笺谱内容时，郑振铎提到"入选者凡三百四十幅，区为六册……次齐璜、王云、陈年、溥儒、吴徵、萧愻、江采、马晋诸氏之作，征当代文人画之流别也。而以吴、汤等二十家梅花笺，王、齐等数家壬申笺、癸酉笺殿焉。今日所见之诗笺，盖略备于兹矣。谭中国版画史者，或亦有所取乎"。可见齐白石画笺被认为代表了当时的文人画笺而入选。《北平笺谱》所占比重最多的作品，除与鲁迅、郑振铎二人熟识的陈师曾画笺32幅，就是齐白石画笺占22幅之多。鲁迅与郑振铎两位编者对这位艺术家的重视程度不言而喻。鲁迅虽未曾与齐白石面对面地接触过，但他对齐白石画笺艺术评价很高，并在与郑振铎编书通信中多次提到齐白石。如1933年2月5日鲁迅写给郑振铎的信中称："去岁冬季回北平，在琉璃厂得了一点笺纸，觉得画家与刻印之法，已比《文美斋笺谱》时代更佳，譬如陈师曾、齐白石所作诸笺其刻印法已在日本木刻专家之上。"同时，鲁迅在《北平笺谱》序言中也对齐白石所画的笺纸十分赞赏："稍后有齐白石、吴待秋、陈半丁、王梦白诸君，皆画笺高手，而刻工亦足以副之。"

郑振铎在《北平笺谱》的序言中也提到"齐白石、吴待秋、陈半丁、王梦白、溥心畬诸君子，均高雅不群，惟制笺固以画稿为主，刊印亦贵精良"。他在《访笺杂记》一文，对于寻访笺样，有非常细致的描述，并描述见到齐白石画笺瞬间的激动心情。如"先进松华斋，在他们的笔样簿里，又见到陈师曾所作的 8 幅花果笺。说他们'清秀'是不够的，'神采之笔'的话也有些空洞。只是赞赏，无心批判。陈半丁、齐白石二氏所作……他们的大胆的涂抹，颇足以代表中国现代文人画的倾向；自吴昌硕以下，无不是这样的粗枝大叶的不屑于形似的。我很满意地得到不少的收获"。又到荣宝斋，"我们在那里，见到林琴南的山水笺、齐白石的花果笺、吴待秋的梅花笺，以及齐王诸人合作的壬申笺、癸酉笺，等等。刻工较清秘为精，仿成亲王的拱花笺，尤为诸肆所见这一类笺的'白眉'"。再到静文斋，"太阳光淡淡地射在罩了蓝布套的桌上，我带着怡悦的心情在翻笺样簿。很高兴地发现了齐白石人物笺四幅，说是仿八大山人的，神情色彩都臻上乘"。可见郑振铎对收入齐白石画笺非常满意。

同时齐白石也对鲁迅、郑振铎选其笺谱大为肯定，以为知己。在《齐白石辞典·师友及其他》中，专设"鲁迅"条目，说他在"民国二十二年（1933）与郑振铎编印《北平笺谱》，第五册内收有齐白石画作二十页。其中荣宝斋所印十二页为花果，李振华刻；松华斋所印四页为花果，张东山刻；静文斋四页为人物，李华庭刻。齐白石称'选录者极有眼力'，引为知己"。

2.《北平荣宝斋诗笺谱》《荣宝斋制诗笺谱》

1935 年荣宝斋自制笺谱《北平荣宝斋诗笺谱》以及《荣宝斋制诗笺谱》在笺谱的选择时具有更多的自主选择权。荣宝斋参考了鲁迅和郑振铎两位大家对笺样的选择，但全部以自藏笺为主，

《北平笺谱》复刻版癸酉笺

齐白石　1958 年　北京画院藏

均不录入其他南纸店所藏齐白石画笺。《北平荣宝斋诗笺谱》上
册花卉笺 12 幅和癸酉笺与《北平笺谱》所选一致，排列顺序一致。
又增草虫笺 10 幅，包括套色草虫笺 6 幅，单色草虫笺 4 幅；增
生肖笺 2 幅，包括丙子笺 1 幅，丁丑笺 1 幅。下册新增花果笺 2 幅。
《荣宝斋制诗笺谱》上部齐白石花卉笺 12 幅和癸酉笺，也与《北
平笺谱》所选一致，下部增加荣宝斋自藏单色印制形态简洁的人
物笺 4 幅。

　　20 世纪 20 年代，新技术的传入使传统雕版制笺业走下坡路，

在他们苦寻出路之时，与尚在探索中的文人画一拍即合，达成亲密关系。北平南纸店会根据市场需求和社会风尚，向画家提出具体要求，从画家作品中挑出小品画作为底本，或是将原画简化、缩小，或单为南纸店作画，再以木版水印为画笺，批量印制，大受欢迎。齐白石在刚刚来到京城时就在荣宝斋挂画卖画，并为荣宝斋制作了很多笺画，因而郑振铎才可在荣宝斋挑选到很多齐白石画笺样。而时任北京荣宝斋掌柜的孙荣禄，刚好直接操办了《北平笺谱》装订的刻印工作。在刻印过程中，他深受启发，将荣宝斋历年出售信笺收集起来，汇集成上下两册，出版了《北平荣宝斋诗笺谱》，并一直大规模销售到中华人民共和国成立后公私合营。《北平笺谱》初版印制 100 部，一经问世就引起文化界、艺术界极大关注。后因销售空前，很快售罄。因而《北平荣宝斋诗笺谱》所选齐白石画笺肯定参考市场的需求，选入齐白石画笺与《北平笺谱》的高度一致性也说明了这一点。

《北平荣宝斋诗笺谱》新增的齐白石草虫笺 10 幅之多，应和齐白石草虫的绘画作品在当时北京的影响息息相关。齐白石初来北京的时候，他画的八大冷逸一路，多不受北京人所喜爱，但是他的工笔草虫画却得到了世人接受。四大名旦中的梅兰芳、尚小云和金城等各界名人都纷纷请他画草虫。1921 年，齐白石为梅兰芳所作《草虫册》（北京市文物商店藏）有一段题跋："忽一时皆以为老萍能画草虫，求者皆以草虫苦我。"1922 年《壬戌日记》："余十八年前为虫写照，得七八只，今年带来京师，请樊樊山先生题记，由此人见皆见之，所求者，无不求画此虫。"

梅兰芳还于 1925 年正式拜齐白石学习草虫。齐白石《庚申日记》载："庚申秋九月，梅兰芳倩家如山约余缀玉轩闲话。余知兰芳近事于画，往焉。笑求余画草虫与观，余诺。兰芳欣然磨墨理纸。"梅兰芳还回忆齐白石与凌直枝、陈师曾、王梦白为梅兰芳合作过一幅花鸟画，齐白石最后画了一只小蜜蜂，为点睛之笔，获得满堂彩。

生肖笺最早于 1931 年（辛未）开始印制。鲁迅《北平笺谱》提到"辛未以后，始见数人，分画一题，聚以成帙，格新神涣，异乎嘉祥。"1932 年，荣宝斋为做"壬申笺"以贺新春，特请陈蕃诰、王梦白、马晋、汪溶等画家，专门绘制以猿猴为题材的画笺，画笺中猿猴造型生动，活泼可爱，令人爱不释手，坊间争相购买。其后一年，荣宝斋又于 1933 年印制了癸酉笺。1933 年，鲁迅、郑振铎编印《北平笺谱》，特意将壬申笺、癸酉笺收录其中。郑振铎在《北平笺谱》序言中论述其编辑体例时提道："而以吴、汤等 20 家梅花笺，王、齐等数家壬申笺、癸酉笺殿焉。"《北平笺谱》的编辑加入了生肖笺，将这一传统传承起来。此后生肖入笺遂成定制。院藏《荣宝斋制诗笺谱》录入辛未笺、癸酉笺、壬申笺。院藏《北平荣宝斋诗笺谱》录入了癸酉笺、壬申笺、甲戌笺、丙子笺、丁丑笺、戊寅笺、己卯笺、庚辰笺，这几幅生肖笺非常有趣。《北平荣宝斋诗笺谱》印制时间为 1935 年。而丙子笺到庚辰笺的款署时间是从 1936 年到 1940 年的。其中齐白石丙子笺还落款"荣宝斋主人嘱制丙子笺"。荣宝斋藏齐白石 1938 年所作《花鸟蔬果杂画册》中一开应是其原稿。为何印谱

《花鸟蔬果杂画册》之樱桃
齐白石　22.8 厘米 ×9.4 厘米
1938 年　荣宝斋藏

《花鸟蔬果杂画册》之荔枝
齐白石　22.8 厘米 ×9.4 厘米
1938 年　荣宝斋藏

时间比画笺款署时间还早呢？笔者猜测为两种假设。一种假设是
荣宝斋为了配套销售，扩大影响力，而提前请画家绘制了后续年
份的生肖笺也是未为不可。还有一个可能就是《北平荣宝斋诗笺
谱》印制时间在 1940 年以后。郎绍君先生在《齐白石的画笺》
一文中讲："'丙子笺'应是丙子年（1936）制的笺纸，而不是
创作年代。"再加上荣宝斋工人回忆此笺谱一直在公私合营时还

《花鸟蔬果杂画册》之翠鸟　齐白石

28.5 厘米 ×17.3 厘米　1942 年　荣宝斋藏

有售卖，因而此笺谱印制时间还有待商榷。此外，《北平荣宝斋诗笺谱》里还有"戊寅"（1938）款樱桃、荔枝两笺，与荣宝斋藏齐白石1938年所作《花鸟蔬果杂画册》中2开小品画一致，也是印制时间可能稍晚的佐证。

3.《北京荣宝斋新记诗笺谱》

院藏《北京荣宝斋新记诗笺谱》是根据1954年"荣宝斋新记"出版套印本《荣宝斋笺谱八种》编印而成。其中所收齐白石笺谱和《北平荣宝斋笺谱》还是略有不同的。上册保留了《北平荣宝斋诗笺谱》草虫笺6幅，新加入禽鸟笺10幅；下册保留花卉笺8幅、丁丑笺1幅，新加入蔬果笺8幅。荣宝斋藏有齐白石1942年所作《花鸟蔬果杂画册》29开小品画，其中18开和《北京荣宝斋新记诗笺谱》新入选的齐白石画笺内容完全一致，只是颜色和题跋位置略有不同。此画册应是齐白石民国时专为荣宝斋所画小品，后在中华人民共和国成立后入选笺谱。从新入选的画笺来看，有生活中常见的禽鸟：麻雀、八哥、鹦鹉、白头小鸟、鸭子、翠鸟，以及齐白石平日所爱吃的樱桃、柿子、苹果、荔枝、茄子、桃、辣椒和大螃蟹。题材之广泛，涉猎之全面，平常而生活化也是之前文人画笺所没有的。1953年，齐白石被文化部授予"人民艺术家"的称号，荣宝斋在选择笺谱时紧跟时代特性。荣宝斋在中华人民共和国成立后需要找到既符合当时政治要求，同时也能满足大众需求的画作。孙树梅在《我所经历的荣宝斋木版水印发展历程》一文就这样叙述："为了使木版水印能够发展成为荣宝斋的主营项目，我们也研究了当时的政治取向，然后根据既定

盗翁笺

齐白石　1957 年　北京画院藏

的经营方针选择复制品种，当时，我们确定了明确的复制方向和
一个宏大的复制计划，主要内容包括两个方面：一是复制当代画
家的作品，主要是徐悲鸿和齐白石这两个认定的'人民艺术家'
的画作，以满足政府对外交流的礼品需求和公共场所的装饰需要，
同时也成为政府对外开放的一个文化窗口，用以满足外宾及华侨
对中国传统文化了解和求购的要求。"

4.《北京荣宝斋诗笺谱》

1957 年，《北京荣宝斋诗笺谱》与《北京荣宝斋新记诗笺谱》

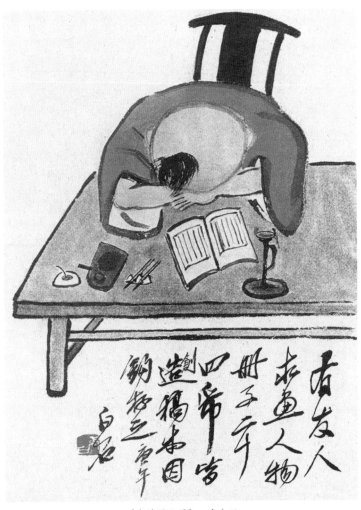

《夜读图册页》 齐白石

33 厘米 ×27 厘米　1930 年　王方宇藏

《北京荣宝斋诗笺谱》之迟迟夜读笺

齐白石　1957 年　北京画院藏

老当益壮笺　齐白石　1957 年　北京画院藏

所录齐白石画笺的草虫、禽鸟、花卉、蔬果笺高度一致。新加 4 幅人物笺：盗翁、迟迟夜读图、郑家婢、老当益壮 4 笺，与荣宝斋所藏创作约为 1930 年《人物册》12 开作品中的盗翁图与老当益壮图完全一致。此《人物册》原为 24 开，是齐白石专为门人文素松所画。文素松（1888—1940），字含和，号舟虚、寅斋，萍乡城区磨盘石人。以碑帖、文物收藏鉴赏知名艺林并享誉至今，文氏与清末民国金石考古、书画篆刻界往来极多。著有《金石琐录》《汉熹平石经碑录》《寰宇访碑录校勘记》等。

著名收藏家王方宇藏有 12 开《夜读图册页》，尺寸、风格与之相似，有庚午款，待查是否同属一套。《夜读图册页》与迟迟夜读笺所画内容也一样，只是题跋的内容和位置不同。另新增瓶花笺、游鱼笺，瓶花笺与齐白石 1942 年所作《花鸟蔬果杂画册》中小品画完全一致。丙子笺并未用《北平荣宝斋诗笺谱》原落款"荣宝斋主人嘱制丙子笺"的鼠笺，而改为《自称图》。画上方横一长秤杆，一端垂一铁秤砣，一端一只小老鼠攀爬在秤钩上，得意洋洋地自称，诙谐幽默，笺上题款为"八十二岁老者白石意造"。可能是两谱编辑相隔的 20 余年间，由于战乱及社会动荡，导致当年制笺的印版损毁丢失所致，不得不另寻替代品。曾在荣宝斋工作数十载的郑茂达先生在其《制笺艺术》一书中记述："……可惜那些笺谱里没有的品种，大部分没有留下样品；1950 年以前的几乎都未留下，1950 年以后的也留得不全。现在保存的应市笺样，笺谱里没有的，只有齐白石草虫 4 种、李滨声戏剧人物 4 种、刘继卣画虎 4 种、董寿平梅兰竹菊 4 种、溥心畬瓦当

8 种……总共不过几十种。"也可佐证笔者的假设。1935 年《北平荣宝斋诗笺谱》出版时,寿石工作序盛赞荣宝斋制版之精,其中有"卅数年来,积版盈千"之语。而对于 1957 年版《北京荣宝斋诗笺谱》的编辑,已物是人非,旧版无存,的确是一件憾事。

整体看来,院藏近现代笺谱中齐白石画笺基本都是齐白石在民国时期为南纸店所画,以花鸟、鱼虫、人物题材为主,不涉及山水题材,对研究这段时间内齐白石的书画艺术具有很高的参考意义,也对民国版画史研究具有重要的史料价值。正如郑振铎在 1951 年《北京荣宝斋新记诗笺谱》前言所说,"荣宝斋所刻齐白石的诸家诗笺却是另具风格的,从细致到豪放,精细到活泼生动,进步相当的大,在 10 多年前他已将所刻的笺纸择其精者 200 幅,编为《荣宝斋诗笺谱》出版,这是中国版画史上的里程碑之一,自有他的意义与价值。在今日也还值得再版,特别是《北平笺谱》绝版已久,无法再印。有此一书探讨三四十年前版画史的人也就有一部分材料可以依据了"。再加上荣宝斋所藏《花鸟蔬果杂画册》以及《人物册》中小品画与齐白石画笺中内容的一致性,也可见得画笺与小品原作之间的关系。

三、齐白石画笺艺术特点

齐白石画笺绘画风格均为大写意,或没骨或勾勒,或水墨或设色;画面多是特写镜头,近距离取景,安排简洁,只描绘或只突出一物,笔线肯定有力,墨与色、色与色富于对比,体现了齐白石晚年绘画尤其是小品画的特点，也符合画笺这一特殊形式的功能需要。

1. 白石雪个同肝胆

齐白石画笺中有一类，从题跋和画风都可看出是从学习八大而来。齐白石曾言："余少时不喜名人工细画……花鸟徐青藤、释道济、朱雪个、李复堂外，视之勿见。"《老萍诗草》曾题："青藤、雪个、大涤子之画，能纵横涂抹，余心极服之。恨不生前三百年，或为诸君磨墨展纸。"又言："青藤雪个远凡胎，缶老当年别有才。我欲九原为走狗，三家门下转轮来。"可见齐白石对八大艺术的倾心。齐白石刚定居北京时，因学八大冷逸风格不被世人接受，他尝试变法，还作诗跋曰："予五十岁后之画，冷逸如雪个。避乡乱，窜于京师，识者寡。友人师曾劝其改造，信之，即一弃，今见此册，殊堪自悔。"齐白石画笺中有人物笺4幅、瓶花笺2幅、禽鸟笺3幅、葡萄笺1幅，都与八大绘画风格有直接联系。之前的学者对齐白石临仿八大的人物、鸭子、瓶花、葡萄，也涉及了临仿八大的齐白石画笺。笔者将从画笺的角度再进行一些整理和补充。

《北平笺谱》中静文斋藏杨华庭刻人物笺4幅，分别为《偷闲》《也应歇歇》《何妨醉倒》《人物》，每笺都题有"八大本，白石制"。其中《偷闲》《也应歇歇》《何妨醉倒》与中央美术学院所藏人物画稿（1936）中《捅鼻》《挖耳》《醉归》三幅非常接近，并与北京画院收藏的齐白石勾临人物稿中的一位挖耳、一位捅鼻老者的动态一致。由《偷闲》过渡到《挖耳》，同样的老

《北京荣宝斋诗笺谱》之瓶花笺　　　　　　《白石老人小册》之瓶花图　齐白石　1945 年　北京画院藏
齐白石　1957 年　北京画院藏

者坐于不同地方、不同背景下的《挖耳图》在齐白石笔下经常出现。
另有前文提到荣宝斋《人物册》（约 1930）中也有《也应歇歇》，
名字虽一致，所画人物却不同。但是上面款题："也应歇歇。寄
萍堂上老人。此册二十四开，此图并老当益壮图，用朱雪个本。
苦瓜和尚作画第一图，用门人释雪庵本也。白石又记。"《老当
益壮》与《也应歇歇》同属于荣宝斋《人物册》，由此可知老当
益壮笺极有可能也是学八大风格。整体来看这几幅人物笺，笔法
拙重，纵放自如，人物形象憨态可掬，幽默有趣。

　　齐白石瓶花笺有两幅：一幅为《北平笺谱》中鲜艳欲滴的瓶

《北京荣宝斋新记诗笺谱》之鸭笺
齐白石　1955 年　北京画院藏

花笺，题为"曾见雪个以水晶杯著墨芙蓉，余画以红菊"。另一幅为《北京荣宝斋诗笺谱》中折枝兰瓶花笺，题曰"壬午春，天日和暖，望儿辈远来视我"。两幅笺画来源是美国佛利尔美术馆所藏《八大花鸟杂画册》中瓶花一开。此画册原为张大千收藏，民国初年曾在琉璃厂出现。彼时齐白石家乡兵乱，只身到北京，在琉璃厂挂有润格，应在琉璃厂见到八大此页。齐白石对八大瓶花印象深刻，曾多次画之。和八大瓶花册页最接近的一幅应为北京画院所藏齐白石 50 岁所画《白石老人小册》中瓶花一页，率性地涂抹花瓣，简单勾勒水晶杯与八大如出一辙，画上题"昔

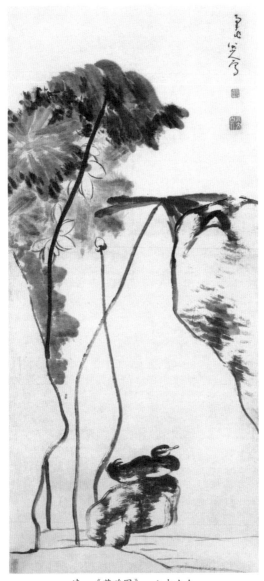

清 《荷鸭图》 八大山人

142.8 厘米 ×66 厘米 上海博物馆藏

《北京荣宝斋新记诗笺谱》之白头小
鸟笺　齐白石　1955 年　北京画院藏

《山水花鸟图册》　八大山人
27.9 厘米 × 23.2 厘米　北京故宫博物院藏

人八大山人有此画法"。齐白石从 1917 年在琉璃厂见到了八大
的画册后，久久不能忘怀，从不透明的杯子到透明玻璃杯，从墨
笔芙蓉、艳丽红菊到优雅兰草，从低瓶到高瓶，不断变化，始终
在笔下体现出他对八大艺术的执着与热爱。

　　《北京荣宝斋新记诗笺谱》禽鸟笺 3 幅学八大一路。鸭笺上
题曰"此家鸭，非野鹜也"，虽未题临摹八大，但此笺与北京画
院藏《拟八大鸭图》非常相似，上题："往余游江西，得见八大

《鱼鸟图》 八大山人

116.5 厘米 ×48 厘米 天津博物馆藏

山人小册画雏鸭，临之作为粉本。丁巳家山兵乱，后于劫灰中寻
得此稿，叹朱君之苦心。虽后世之临摹本，犹有鬼神呵护耶！今
画此幅，感而记之。"再看上海博物馆所藏两幅八大的《荷鸭图》
中缩脖的小鸭即与齐白石最初勾摹本神似。

　　白头小鸟笺"所鸣何事"，一枝干上一只毛茸茸的小鸟正张
嘴高鸣，白石问之"所鸣何事"。此幅虽也未题临摹八大，但也
可以找到很多八大所画小鸟的影子。如北京故宫博物院藏八大山
人的《山水花鸟图册》，以及天津博物馆藏八大《鱼鸟图》，可
一窥齐白石所临摹小鸟画稿原貌。齐白石还画过类似的小鸟，如

《北京荣宝斋新记诗笺谱》之禽鸟笺 　　　　　清　《独鸟怪人看》　八大山人
齐白石　1955 年　北京画院藏 　　　　　　74.4 厘米 ×32 厘米　张卓人旧藏

中国美术馆藏《仿八大山人花鸟立轴》与此笺神形皆似，连所占枝条的位置都一致。

　　另有一禽鸟笺上题"黑白分明"，鸟样子很特别，尖头尖尾，身子是椭圆形，尾巴和羽翅为黑色。1957 年《中国画》创刊号印一只八大的鸟，题曰："独鸟怪人看。八大山人画。"此画真伪从题跋印本难分真假。但是两幅画放在一起则一目了然，齐白石所画"黑白分明"鸟笺也从八大画鸟中临摹而来。王方宇研究发现溥儒也曾临摹过《中国画》上刊载的这张八大鸟图，临摹作品现藏于波士顿美术馆。

《北平笺谱》复刻版　葡萄笺　　　　　《北平笺谱》复刻版　牵牛花笺
齐白石　1958 年　北京画院藏　　　　　齐白石　1958 年　北京画院藏

齐白石学八大的葡萄笺，上题"老馋亲口教琵琶，朱雪个题葡萄句，余不得解，二十年尤未忘，白石"。20 年来齐白石一直未忘记八大题诗，晦涩难解，想必对于八大的画也是久久不能忘怀的。

以上齐白石临摹八大画笺，仿佛又可以对齐白石所言"白石与雪个同肝胆，不学而似"有了更新的理解与诠释。

2. 托物以言志

民国时期社会风气普遍开放，文人画家视野开阔，他们取东西方之长，从传统和民间汲取营养，开始关注艺术服务于生活，画笺中也融进更多现实因素，花鸟、鱼虫、蔬果、人物、器具、山水……纷纷入笺。齐白石画笺也受到了影响，这一时期他的画笺多源于生活又高于生活。画笺题款平易、亲切，却蕴含深意，发人深省，托物言志，颇有警世意味。

如《北平笺谱》中几幅花卉笺。牵牛花笺上一朵淡蓝的牵牛花，几片叶子，题两行字："梅畹华家牵牛花碗大，人谓外人种也，余画其最小者。"南瓜笺题"菜根同味"，篱豆笺题"老年人蛩声皆厌闻，故篱豆下不画蟋蟀"，石榴笺题"石榴结子怨西风"，荷花笺题"芦荡花残，莲房露冷"，玉兰花笺题"太史不生无所用，空老枝上立如刀"，松枝笺题"常年多子"。以寻常花卉蔬菜寓人生哲理，风趣幽默，寻常画家，哪得有此。再看梅花小鸟笺上"余老年作画喜形神具似"，短短几个字道出绘画形神需具似的艺术哲理。题荔枝笺"风味有徐寅"，齐白石与唐代诗人徐寅同好，爱荔枝并为荔枝作诗。

另有《北京荣宝斋新记诗笺谱》中禽鸟笺。题鹦鹉笺："汝好说是非，有话不在汝前头说。"鹦鹉学人舌，会搬弄是非，暗语齐白石对搬弄是非人的反感。翠鸟笺上绘一只长喙短尾、色彩艳丽的翠鸟，两爪紧抓摇曳不定的莲蓬杆。上题"羽毛可取"。翠鸟因羽毛美丽，却被活活拔毛做成装饰，看来外在美也不是吉祥的事情，发人深省。令人忍俊不禁的麻雀笺画一只小麻雀，昂首翘尾一副心满意足的神态，上题"汝身虽小，能分鸡食鹤粮"，表现出麻雀与鸡、鹤不分大小和贵贱，都是自然界的生命，一种一视同仁的平民意识。竹鸡笺画一身材硕大、蹲立在画面正中的竹鸡，题"羽毛自知美，被人呼作鸡"，通过那炯炯有神、自信十足的眼睛，老人表达自信应从内在性格修养体现，而非简单外表。白石喜画蟹，常题道"看你横行到几时？"此蟹笺画两只装在盘中的熟蟹，却题为"何以不行？"暗示白石老人爱憎分明的态度，横行者都没有好下场。紫茄笺题曰："客论画法曰，下笔欲细，方为工。予曰此'细'字，君论画可分工拙，若论诗，诗从何处细起，客不可答。"论诗画工拙关系。齐白石喜白菜，画白菜寓意"清白传家"。白菜笺题"牡丹为花之王，荔枝为果之先，独不论白菜为菜之王，何也？"爱之切，还封王，也只有白石老人能想出来。

《北京荣宝斋诗笺谱》4幅人物笺也具深意。盗瓮笺讲晋太兴末年吏部郎毕卓偷酒的故事，题"宁肯为盗难逃，不肯食民脂膏"，赞颂为官清廉。郑家婢笺，画文人家的一婢女坐于书案前，手持一笔，做沉思状。题诗一首："曲栏杆外有吟声，风过衣香细细生。旧梦有情偏记得，自称侬是郑康成。"文人家的佣人耳濡目染，也有三分文气，自比东汉末年儒学家郑玄。迟迟夜读图笺，画中主角是白石老人的老来子齐良已，名迟迟。夜晚笔墨纸砚书摆开阵势，放了满满一桌，迟迟却伏案呼呼大睡。画中题云："文章早废书何味，不怪吾儿瞌睡多。"表达了齐白石的舐犊情深。

3. 诗意之境界

齐白石画笺，多会题契合画意的诗词，加上齐白石单刀法自刻篆书印，以及南纸店的随形印，小小一张笺纸，可谓集诗、书、画、印于一体，精彩纷呈，意蕴悠长，赋予诗意。雅致的色彩、

《荣宝斋制诗笺谱》之人物笺

齐白石　1935 年　北京画院藏

精美的图案、精细的雕刻在此契合，真可谓文思寄画外。如《北平笺谱》中荣宝斋随形印与齐白石篆书朱文印、题跋的位置相映成趣，都不是简简单单落印，而是经过深思熟虑，位置经营。

近现代正处于乱世，文人画笺常可体现文人画家于苦闷中见豁达，于平实中显意趣的精神状态。此时画笺风格受到绘画中大写意画风以及金石学派的影响。齐白石画笺也多是随笔点染、粗枝大叶、用色大胆却意态无穷，趣味盎然。从画面构图到色彩搭配，以及题跋、印款来看，齐白石画笺已构成一幅幅真正的水墨画作品，会使信札使用者无从下笔。梁颖认为近现代画笺"艳丽有余而雅趣不足，用于书写笔化诗翰，实有喧宾夺主之感"。但笔者认为近现代笺谱正反映当时的社会审美观。诗笺不单为人们写信所使用，而且编而成谱，变成文人案头清供，习画必备的参考书。齐白石画笺也有为数不多几幅清新雅致的画笺，如《荣宝斋制诗笺谱》4幅人物笺、2幅鱼虫笺，用单色印版，非常雅致，人物占面积不大，笔意草草，刀味十足，有一种时代沧桑感。

4. 纪念和纪年的作用

齐白石画笺还具有纪年和纪念的意义。比如绘制雏鸡图的癸酉笺为1933年绘制，绘制小老鼠的丙子笺为1936年绘制，绘有柳枝牛尾图的丁丑笺为1937年。一般写信人会用当年的信纸来写信给友人。像类似纪念用的信笺，比如交通银行成立40周年，请已达87岁高龄的白石老人画兰花水盂笺、松竹笺以纪念。兰花水盂笺上题有："交通银行丁亥四十周年庆。八十七岁之白石画此，制书笺分赠本行同事，白石记之。"丁亥年为1947年。1946年10月，中华全国美术会在南京举办齐白石作品展。齐白石由四子良迟等陪同乘飞机抵南京，期间蒋介石曾接见齐白石，张道藩拜齐白石为师，可谓备极荣光。11月初，移展上海。岁暮，齐白石离沪返京。由此推断，可能当时交行与在沪办展的齐白石取得联系邀其画笺也未可知。当时的交行董事长是钱永铭，总经理为赵棣华。很有可能是他们出面请齐白石先生所画。或是为了体现交行高管洁身自好，也为了避免本行员工发生不良行为，请了德高望重的齐白石老画家作了"兰花和水盂""青松和翠竹"作为交行笺纸赠送员工励志。一是象征着清白高洁，二是寓意长久。希望交行员工清白做事、高洁做人、努力工作，交行才会香飘千里，近悦远来。

四、齐白石画笺的使用

　　齐白石经常用自己画的信笺给朋友写信，比如他会挑选具有纪年性质的笺纸在当年给师友、徒弟写信，或会挑选符合心境的笺纸信手拈来而用。在北京画院藏有很多齐白石手稿，其中《与姚石倩书》是齐白石给弟子姚石倩的信。信是齐白石 1919 年到1950 年间写给姚氏的约 41 封书信。姚石倩 1919 年成为齐白石弟子，1953 年被聘为四川省文史馆馆员。这是迄今所知传世最多的书信之一。其中 1930 年至 1933 年间齐白石用静文斋制杨华庭刻人物笺、荣宝斋制李振华刻丙子笺、癸酉笺、清秘阁制葫芦

1933 年　齐白石写给姚世倩的信
37 厘米 ×38.5 厘米　北京画院藏

齐白石写给姚石倩的信　丙子笺　北京画院藏

笺给姚石倩写信。齐白石给关蔚山写信还用到丙子笺。在湖南美术出版社出版的《齐白石全集》第十集中也有齐白石与张篁溪、张次溪的书信 39 封。20 世纪 30 年代给张次溪的信中，用到荣宝斋制李振华刻癸酉笺、静文斋制杨华庭刻人物笺、荣宝斋制丁丑笺。我们也可以通过纪年笺纸来判定齐白石书写的具体时间。

除齐白石自用自画笺外，民国时期文人也有用齐白石画笺的实证。日本研究中国近现代文学的阿部幸夫教授撰写的日文版《鲁迅书简与诗笺》对鲁迅使用笺纸的 400 封书信、172 种 560 张笺纸一一加以考证。其中收录了鲁迅用齐白石画笺两封信。一封为1933 年 2 月 23 日写给时任《申报·自由谈》主编的黎烈文，信中探讨是否可向黎烈文借萧伯纳专籍和郁达夫文章阅览一事，所用笺纸为荣宝斋制的齐白石豆荚笺。另一封为 1935 年 11 月 25日鲁迅儿子周海婴给祖母写的一封信，所用笺谱为松华斋制的花卉笺，题有"齐白石翁为松华斋制"。两笺都选入《北平笺谱》中。

除鲁迅外，民国文人也都很喜欢使用齐白石的画笺。如曾为《北平笺谱》扉页题字的鲁迅好友——沈尹默也喜用齐白石画笺，如中华人民共和国成立后他给章士钊写的信。鲁迅先生弟弟周作人写给日本小说家武者小路实笃的信时用牵牛花笺。周作人写给作家、翻译家徐耀辰的信用瓶花笺。清华大学艺术博物馆所藏郭绍虞写给著名作家、出版家陈翔鹤的信，非常有趣是倒着使用了蜻蜓荷花笺。

中华人民共和国成立后由于荣宝斋大批量印制笺谱，齐白石画笺的使用频率更高，在各大拍卖行信札拍卖中常有见到。北京

1957 年　齐白石先生字画器物清单　　　　　1959 年　关蔚山捐献齐白石及姚华作品信函

25.5 厘米 ×17.5 厘米　北京画院藏　　　　25 厘米 ×15.5 厘米　北京画院藏

画院藏《齐白石先生字画器物清单》（1957 年）封皮还用了翠鸟笺图案，内页中也用了《北京荣宝斋新记诗笺谱》中禽鸟笺、蜻蜓笺等图案。北京画院藏 1959 年关蔚山给文化部的信函《关蔚山捐献齐白石及姚华作品信函》用了齐白石画葡萄笺。

可以看到，齐白石画笺基本都是民国时期齐白石为南纸店所画，以花鸟、鱼虫、人物题材为主，不涉及山水题材。所选小品画风格以写意为主，刻印简单、套色容易，方便印制，节约成本，更适合印刷出版。画笺既要符合出版需求，又要符合社会需求，体现了实用与审美相统一，设计功能与形式的完美结合。正如鲁迅《北平笺谱》序中所言："意者文翰之术将更，则笺素之道随尽；后有作者，必将另辟途径，力求新生；其临睨夫旧乡，当远俟于暇日也。则此虽短书，所识者小，而一时一地，绘画刻镂盛衰之事，颇寓于中；纵非中国木刻史之丰碑，庶几小品艺术之旧苑；亦将为后之览古者所偶涉欤。"希望本文对齐白石画笺的整理，可为后世览古者有所启发。

齐白石与清秘阁的花笺往事

　　说起齐白石造花笺，其年轻时代就开始做如此风雅之事。那时在湖南湘潭乡下，32岁的齐白石与王仲言、罗真吾、罗醒吾、陈茯根、谭子荃、胡立三等地方乡绅成立"龙山诗社"，后又加入了黎松安成立的"罗山诗社"。诗社社友颇有雅好，想以花笺诗文唱和往来，素知齐白石能画皆求之。

　　在《白石老人自述》中就提到齐白石造花笺的这段往事："我往来于龙山、罗山两诗社，他们都十分欢迎。这其中另有一个原因，原因是什么呢？他们要我造花笺。我们家乡，是买不到花笺的，花笺是家乡土话，就是写诗的诗笺。两个诗社的社友，都是少年爱漂亮，认为做成了诗，写的是白纸，或是普通的信笺，没有写在花笺上，觉得是一件憾事，有了我这个能画的人，他们就跟我商量了。我当然是义不容辞，立刻就动手去做，用单宣和官堆一类的纸，裁八行信笺大小，在晚上灯光之下，一张一张地画上几笔，有山水，也有花鸟，也有草虫，也有鱼虾之类，着上了淡淡的颜色，倒也雅致得很。我一晚上能够画出几十张，一个月只要画上几个晚上，分给社友们写用，就足够的了。王仲言常常对社友说：'这些花笺，是濒生辛辛苦苦造成的。我们写诗的时候，一定要仔细地用，不要写错。随便糟蹋了，非但是怪可惜的，也对不起濒生熬夜的辛苦！'"

齐白石 1919 年定居北京法源寺，在琉璃厂挂画刻印开启职业画家生涯，这期间也曾为清秘阁、荣宝斋、静文斋、松华斋等南纸铺画笺纸。当然，这时他不需要逐页手绘花笺，而只需提供画稿，供雕版后木版水印。这对他来说，可谓驾轻就熟。鲁迅与郑振铎编写的《北平笺谱》中就收录齐白石画的花卉笺、生肖笺、草虫笺、人物笺等共22枚。鲁迅曾高度赞赏齐白石为"画笺高手"。郑振铎则在《访笺杂记》中，详细描述他看到齐白石笺纸时的激

齐白石　草虫笺　清秘阁制

齐白石　蔬果笺　清秘阁制

动心情，认为其画笺足以代表中国现代文人画的倾向。

　　作为琉璃厂翘首的清秘阁，因皇室关系在清代及民国可谓盛极一时。清朝皇宫、六部官府所用的宣纸、信笺、印泥等文房四宝均采用清秘阁所制，来京文人也必会到这里一寻称心的文房雅物。齐白石第一次到京城就造访过清秘阁。1903 年，他应同乡师友夏午诒邀请先到西安教如夫人画画，又陪同夏家到京城。《癸卯日记》记录了齐白石农历四月廿五日到清秘阁的情景："为午

《齐白石画笺·第一集》

1936 年　清秘阁出版

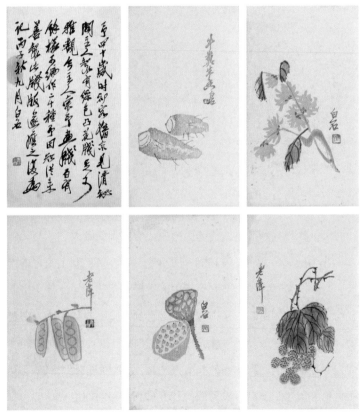

诒刊名印一，复为无双画便面一。已刻课稿。午刻复去琉璃厂肆，于清秘阁购诗笺二十匣。（诗笺每匣四十页，贵四钱），又诗简十五匣（诗简每匣十只，贵二钱），皆贵极。"虽"贵极"，但一贯节俭的齐白石肯掏130钱买如此多的诗笺和诗简，也可以说明清秘阁制笺水平一定不凡。

1919年的《己未日记》中也多次记录了齐白石与清秘阁的来往。三月十一日载："送杨重子之书联去清秘阁，值王旭东已归家去矣，其聊等交孟紫松代收。"六月一日录："又刊二石五字（吕均）清秘阁（王旭东手），皆未来润金者。登部有现润金者不录。"八月十七日记："庐江吕大赠余高丽陈年纸，裁下破烂六小条，灯下一挥成六屏。令厂肆清秘阁主人代为裱褙。裱成为南湖见之，喜。清秘主人不问余，代余售之。余以为不值一钱，南湖以为一幅百金，时流何人能画。余感南湖知画。补记之。"

这里提到的"南湖"为胡鄂公，湖北江陵人。"辛亥革命"时其曾任职于湖北军政府，后辞职北上，在天津组织"北方革命协会"，自任会长。1912年他创办《大中华日报》以反对袁世凯，1913年当选为第一届国会众议院议员，先后任广东潮循道尹、湖北省政务厅长，1921年在北京组织马克思主义研究会，1922年至1924年任教育部次长。他是北京最早以较高的价格和推崇的态度求购齐白石画的收藏者。好在胡鄂公花10元所购买的六条屏一直保存至今，现藏天津人民美术出版社，也见证了齐白石视胡鄂公为知己的一段佳话。作于1936年的《丙子杂记》可称为白石老人的记账本，分别记录了他给荣宝斋、飞鸿堂、松华斋、

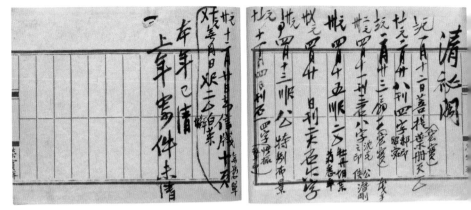

齐白石　《丙子杂记》　北京画院藏

铭泉阁、伦池斋几家南纸店作画与刻印的账目。清秘阁的账目占两页之多，里面还提到他给清秘阁画信笺十页。而这十页信笺具体什么样子，已不可知。

　　现市面留存的清秘阁制齐白石信笺大约有 20 多种，都是其 20 世纪 30 年代以草虫、花卉、蔬果为主题创作的花笺。所画草虫工细，配景花卉、蔬果却为写意风格，或没骨或勾勒。画面多似特写镜头，近距离取景，构图简洁明朗，只描绘或突出一物，笔线有力，赋色晕染富于变化。画笺题款平易亲切却蕴含深意，如《紫藤蜜蜂笺》上题："都道漫天飞紫雪，山蜂知得是花香。"用此笺写信，仿佛能闻到扑面而来的紫藤花香。又如香秋海棠又称相思草，中国人予以"相思""苦恋""断肠"之意，故白石老人在《秋海棠笺》上题："往日泪痕独在。"《雁来红笺》上题："老当益壮"。雁来红叶子深秋转红，又名"老少年""老

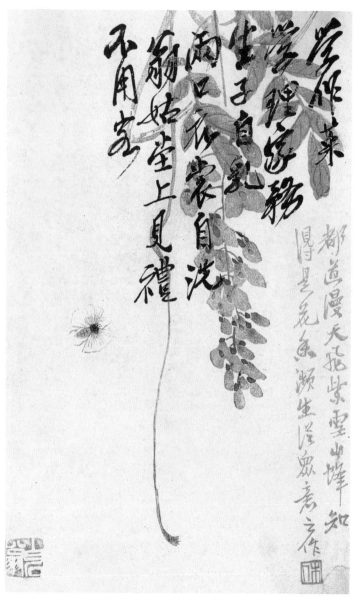

莫怪菜

学种家蔬

生子自乳

雨口衣裳自浣

翁姑堂上见礼

不用家

都道漫天飞紫云山雄

知得是花丝濒生涯众意作

齐白石书　紫藤蜜蜂笺　清秘阁制

《濒翁书札》（与姚石倩书）之三十五　北京画院藏

来娇"。齐白石曾在湘潭星斗塘老家亲手种植过雁来红。晚年移居他乡的齐白石，更喜欢画雁来红，其作品有数十幅之多。

　　对比荣宝斋制齐白石画笺，可见清秘阁所制花笺，设色更雅致，刻印颇精良。精美的画面，配合契合画意的诗词，加上单刀法自刻齐白石篆书印，以及清秘阁的随形印，于方寸间集诗、书、画、印于一体，精彩纷呈，意蕴悠长，赋予诗意，更具文人笺画

《濒翁书札》（与姚石倩书）之三十六　北京画院藏

的特点。

　　笔者曾见过一套1936年清秘阁出版的《齐白石画笺·第一集》，将流传于世的清秘阁制笺大多收录其中。画册前有齐白石题字："予四十岁时初客旧京见清秘阁主人制有绿色凸花笺，足可雅观，今主人索予画笺百有余样，可编作二十种。予因知从来善制此笺版，遂应之，复为记。丙子秋九月。白石。""凸花笺"，

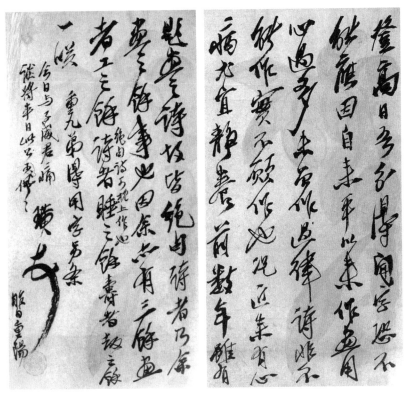

《与张次溪书》　20 世纪 30 年代　私人藏

是自明代产生的一种传统印刷方法。其利用了拱花效果，不着墨印刷刻版。可见齐白石对清秘阁的传统制笺技术大为肯定，才会认真精选 20 种制成此套画集。此套画笺也是蔬果草虫一类题材。序言中野道人称齐白石的诗文书画篆刻无不登峰造极。其画不拘一格，山川、人物、草木、鸟兽虫鱼皆成天趣。中外人士获具寸笺片楮咸宝贵之。清秘阁主人因而将其作品制为诗笺装成小册以

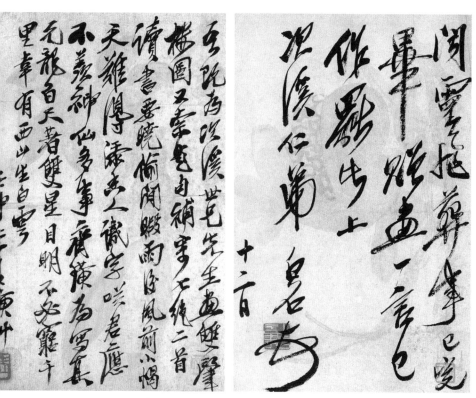

《与张次溪书》 20世纪30年代 私人藏

公同好。

　　齐白石常把自己满意的信笺用于与友人的书信中。北京画院
所藏的齐白石手稿《与姚石倩书》是他写给弟子姚石倩的书信，
他从1919年到1950年间给姚氏写了41封书信，其中有两封就
用到了清秘阁所制花笺。信中记录了齐白石从四川远游归京后，
与远在蜀地的姚石倩交代种种未办妥的事宜。另在湖南美术出版

社出版的《齐白石全集·第九卷书法》中也有四封清秘阁所制信笺，其中三封是写给张次溪的信。其中一封涉及丧事、一封讲张次溪的婚事，还有一封中齐白石最早提出了自己"三余"的理论："画者工之余，诗者睡之余，寿者劫之余。"可见二人关系亲密。除自用自画的清秘阁花笺，齐白石对清秘阁宋版书为底图印制的笺纸，情有独钟。北京画院所藏白石老人信札中就用了22张这种宋版笺。

看着白石老人的手迹，一份老人对生活的热爱跃然纸上，在花笺传递。斗转星移，时移世易，花笺是属于那个时代的记忆，但世人对美好事物的爱却不曾改变。

玉笺佳句敏惊鸿
——鲁迅藏笺情愫

鲁迅一直以来被认为是时代的文学战士，一位革命者、思想家，鲜为人知的是他对艺术的热爱与执着，以及作为收藏家的审美情趣。鲁迅自幼爱看戏，爱描绘，中年研究汉画像，晚年提倡版画复兴。他收藏过大量的花笺，并以花笺写信给其好友。以往的研究只注重信笺字里行间的内容，忽视了花笺所体现的鲁迅审美追求以及艺术素养。

一、鲁迅藏笺的过程

鲁迅 12 岁那年，祖父周福清因"科场舞弊案"被关押在杭州，他常用彩色信笺给绍兴家中寄信，在鲁迅的心里种下了对花笺喜爱的种子。1898 年 2 月，鲁迅到杭州探望狱中的祖父，途中曾购买了《徐霞客游记》，重读时，在一张曙红色、画有"风莲图"笺上自拟书目一页。现存鲁迅手稿中，最早使用彩色信笺是 1911 年 7 月 31 日写给一起留学日本的同学许寿裳的信。信笺为单色水印，2 张印有海派画家任熏所画的花卉、1 张人物、1 张法螺。1912 年，鲁迅随教育部迁到北京，得以经常光顾琉璃厂的南纸店。《鲁迅日记》中记录了鲁迅从 1912 年到 1926 年，曾到访琉璃厂 480 多次，购买物品 3000 多件，诸如到琉璃厂清秘阁、青云阁等笺纸店购买信笺的记录。

1927 年，鲁迅与许广平情定终身，定居上海以后，因著述、交际之需，书信往来颇多。此时他多使用上海、杭州一带印制的笺纸，这些笺纸大多采用单色双钩的绘制方法，线条清晰，造型准确，但却缺乏韵致，样式单调。鲁迅对这些笺纸并不十分喜欢。他在 1933 年 10 月 27 日给郑振铎的信中说："上海笺曾自搜罗数十种，皆不及北平；杭州广州，则曾托友人搜过一通，亦不及北平，且劣于上海，有许多则即上海笺也。可笑，但此或因为搜集者外行所致，亦未可定。"

开启鲁迅收藏花笺的旅程是他 1929 年 5 月回北平探母之行。他在北平待的 20 天里，曾两次到琉璃厂购买笺纸。《鲁迅日记》5 月 23 日载"从静文斋、宝晋斋、淳菁阁搜罗信笺数十种，共泉七元"。28 日载"往松古斋及清秘阁买信笺五种，共泉四元"。他在 5 月 23 日致许广平的信中说："其次是走了三家纸铺，搜得中国纸的印笺数十种，花钱约七元，也并无什么妙品，如此信所用这一种，要算是很漂亮的了。还有两三家未去，便中当再去走一趟，大约再用四五元，即将琉璃厂略佳之笺收备矣。"看来他对第一批收藏笺并不十分满意。

鲁迅又于 1932 年 11 月回京探亲，再次到琉璃厂搜集笺纸。11 月 23 日日记载："往留黎厂买信笺四合。"25 日"至松古斋买纸三百枚，九角"。得知鲁迅对笺的爱好后，又有友人相赠于他。1929 年 3 月 8 日，钦文心赠笺 40 余种，12 月 8 日，柔石赠信笺数种。两次北平之行及访笺经历，使鲁迅萌生了搜集笺纸、刻印成书的念头，也奠定了他 1933 年与郑振铎编印《北平笺谱》的基础。

我们可从《鲁迅手稿全集·信札卷》，鲁迅博物馆藏遗存笺纸，以及《北平笺谱》等笺谱中，一窥鲁迅藏笺的整体面貌。从 1911 年 7 月到 1936 年 10 月，鲁迅现存手稿约 1400 多封，使用笺纸写的书信约 400 封。其中色彩艳丽的信笺数量之丰，让人震撼。其中多数是鲁迅自身漫步于琉璃厂时挑选的笺纸，还有一些是郑振铎等友人收集赠予的。这些笺纸，大约有 170 种名牌，总计数量高达 560 张。

二、鲁迅与笺纸店

在长达 25 年的时间里，鲁迅不间断地使用笺纸，体现了鲁迅对笺纸的钟情，以及民国大家的文人意趣与文化涵养。他使用和收藏的笺纸，大多是民国笺纸店所印行的笺纸，包括有北京的宝晋斋、静文斋、淳菁阁、松古斋、清秘阁、清湘楼、荣宝斋、彝宝斋、懿文斋、成兴斋、澄心堂，天津的文美斋，上海的九华堂、凌云阁 14 家印制的诸笺。其中，使用最多的就是九华堂笺纸。

鲁迅致许广平手稿　1929年5月15日

九华堂是上海民国时期的笺扇庄，创号于清光绪十三年（1887），是一家以制作经营纸笺、印泥、扇面、名人书画及木版水印为主的字画店，其制作的笺纸更是名家、学者所爱之物。20世纪30年代，九华堂最吃香的是"三吴一冯"的画作，即海上画坛翘楚吴湖帆、吴待秋、吴华源、冯超然四位画家。鲁迅日记和书信中多次提到购买九华堂笺纸。鲁迅定居上海后就开始到坊间购买九华堂的笺纸。从1929年5月到北平探望母亲的这段时间里，多次使用九华堂印花卉笺给远在上海的许广平去信。富有情趣的花笺，如 5 月 15 日使用的王仁治所绘的枇杷和莲蓬两笺。这两笺上都有题诗，枇杷笺题："无忧扇底坠金丸，一味琼瑶沁齿寒。黄珍似梅甜似橘，北人曾作荔枝看。"莲蓬笺题："并头曾忆睡香波，老去同心住翠窠。甘苦个中侬自解，西湖风月味还多。"可以想见新婚不久、已有身孕的许广平，看到这两枚花笺，能够体味到鲁迅精心挑选信笺的意义，以及平实文字中所感受到的夫妻温情。

三、鲁迅与民国文人画笺

民国时期，文人画家以前所未有的规模加入制笺的领域，笺纸店与文人画家互相合作，文人画笺风行一时，成为笺纸史上的一大高峰。鲁迅使用的民国文人画笺以陈师曾、王仁治、王诏、吴待秋为最。

1. 陈师曾画笺

《鲁迅手稿》中可见最早使用民国画家画笺的就是陈师曾画虎符笺。陈师曾早在青年时代就与鲁迅同为南京矿路学堂同学，之后一起留学日本，鲁迅在东京筹办《新生》杂志，陈师曾也是积极的支持者和赞助者。1912 年秋，陈师曾归国后，二人又一起在教育部共事，常常一起逛小市，看画帖，交换碑拓。自 1914 年 1 月起，陈师曾便成了经常妆点"鲁迅日记"的常客，占据非常重要的位置。不论是对鲁迅，还是对陈师曾来说，二人

陈师曾 《空谷松声》 26厘米×33厘米
1914年 北京鲁迅博物馆藏

共事，不仅是南京、东京时代以来知己的重逢，更包含了怀抱着相同理想的艺术家、知识分子在达成共识、互相理解的基础上构筑起来的友谊。《鲁迅日记》中记载的陈师曾小幅画作大多收藏于鲁迅博物馆。鲁迅珍藏的印章中有诸方为陈师曾篆刻。如 1915 年 6 月 14 日"师曾遗小铜印一枚，文曰'周'"，9 月 8 日"陈师曾刻收藏印成，文六，曰'会稽周氏收藏'"，1916 年 4 月 26 日"陈师曾赠印一枚，'周树所藏'四字"，11 月 30 日"上午陈师曾贻印章一方，文曰'俟堂'"，1919 年 1 月 4 日最后一枚相隔时间较长，为"陈师曾为刻一印，文曰：'会稽周氏'"。

　　1931 年，鲁迅使用陈师曾画虎符笺给李霁野写信具有一定深意。李霁野为未名社的核心成员，他在北京负责辅助鲁迅《朝花夕拾》等书的出版事宜。从鲁迅与李霁野来往的 7 封信中，可以看到鲁迅想从陈师曾画笺中，挑出备选做《朝花夕拾》的封面，但最后似乎也不尽人意。1928 年 1 月 31 日致李霁野信中写道："《朝花夕拾》上的插图……但是书面我想不再请人画。琉璃厂淳菁阁似乎有陈师曾画的信笺，望便中给我买几张（要花样不同的）寄来。我想选一张，自己写一个书名，就作为书面。"2 月 26 日又写道："昨天将陈师曾画的信纸看了一遍，无可用。我以为他有花卉，不料并无。只得另设法。"最后出版时用陶元庆的画做了《朝花夕拾》封面。1931 年写到这一决断时，或许虎符笺恰好发挥效用。虎符笺图案，极其简明、直截了当地显示出书信的功用。

陈师曾　《梅花》　32 厘米 ×26.5 厘米
1914 年　北京鲁迅博物馆藏

在鲁迅 1933 年 2 月 5 日写给郑振铎的信中称："去岁冬季回北平，在琉璃厂得了一点笺纸，觉得画家与刻印之法，已比《文美斋笺谱》时代更佳，譬如陈师曾、齐白石所作诸笺……"鲁迅在《北平笺谱》序言中又讲："中华民国立，义宁陈君师曾入北京，初为镌铜者作墨合、镇纸、画稿，俾其雕镂；既成拓墨，雅趣盎然。不久复廓其技于笺纸，才华蓬勃，笔简意饶，且又顾及刻工省其奏刀之困，而诗笺乃开一新境。"可见鲁迅对陈师曾在画笺开创性的工作进行了极高的评价。同时，这段富有启发性的文章，囊括了解诗笺与雕刻，以及更早的金属镂刻等发展趋势的重点。刻镂墨盒的技术是怎样转化为笺纸设计服务的呢？作为走在时代前沿的画家陈师曾等人到了北京后，在墨盒的刻稿上下了

陈师曾　《秋山欲雨》　27厘米×32厘米
1914年　北京鲁迅博物馆藏

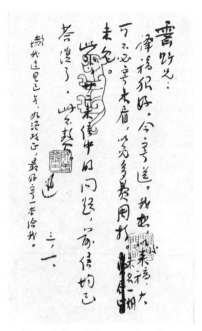

鲁迅致李霁野手稿　1928 年 3 月 1 日

陈师曾　"明月松风"墨盒
11 厘米 ×11 厘米 ×3 厘米　徐无闻旧藏

很大的功夫。他们借助雕镂手工匠人的力量，通过刻工的技术完美地呈现出画稿的效果。同时社会中还出现了一种尝试给墨盒、镇尺等文房进行墨拓，以拓本欣赏的风气。为了打造出更加精致的墨拓作品，渐渐出现了一种方便雕刻、用线较少、具有韵味的描线手法。而这种为专门墨盒设计出的描线手法，逐渐被应用到笺纸的设计中。更有甚者，通过减少运刀的程序，创造出具有更高艺术效果的描线。鲁迅从陈师曾等画家和雕刻家身上看到了为此付出的努力，以及这种艺术表现形式所呈现出的独特魅力。

"虎符笺"正是陈师曾探索新的手法而创作出的"陈师曾的笺纸"。因此鲁迅认为在装帧《朝花夕拾》时，能够用上陈师曾的笺纸。此后鲁迅还给爱妻许广平写信用陈师曾"莲花水草"笺、山水笺等。在《北平笺谱》编辑中，更是采用多至32张的陈师曾画笺。笺谱中十分之一都是陈师曾的作品，可见鲁迅对其的信任程度非同一般。8张淳菁阁制小幅的单色梅竹笺，其后为淳菁阁制的8张花果笺，后续松华斋制的8张花果笺，色彩艳丽的花果铺满了整张笺纸。最后8张为灰色单色印制的山水笺，富有雅趣。上面有写给收信人的文章内容，还有杜工部的诗文用作装饰，同陈师曾的画稿相映成趣。

2. 齐白石画笺

《北平笺谱》所占比重最多的作品，除与鲁迅、郑振铎二人熟识的陈师曾画笺，就是齐白石画笺占22幅之多。鲁迅与郑振铎两位编者对这位艺术家的重视程度不言而喻。鲁迅虽未曾与齐白石面对面地接触过，但他对齐白石画笺艺术评价很高，并在与郑振铎编书通信中多次提到齐白石。

鲁迅在书信中曾使用齐白石画笺两封。一封为1933年2月23日写给时任《申报·自由谈》主编的黎烈文，信中探讨是否可向黎烈文借萧伯纳专籍和郁达夫文章阅览一事，所用笺纸为荣宝斋制的齐白石花果笺。另一封为1935年11月25日鲁迅儿子周海婴在鲁迅辅导下给祖母写的一封信，所用笺谱为松华斋制的花果笺，题有"齐白石翁为松华斋制"。两笺都选入《北平笺谱》中。

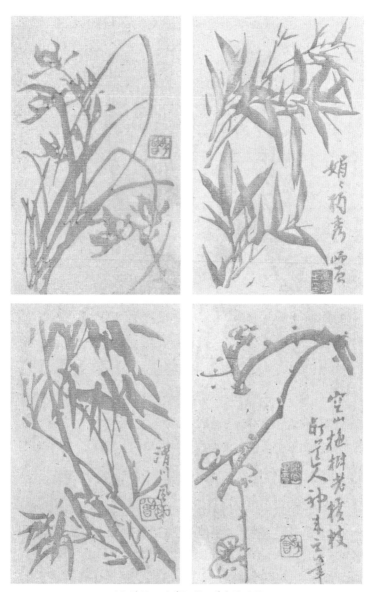

陈师曾绘　淳菁阁制　单色梅竹笺

陈师曾绘　淳菁阁制　花果笺

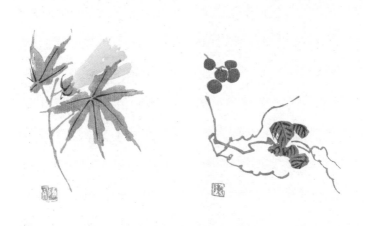

陈师曾绘　淳菁阁制　花果笺

陈师曾绘　松华斋制　花果笺

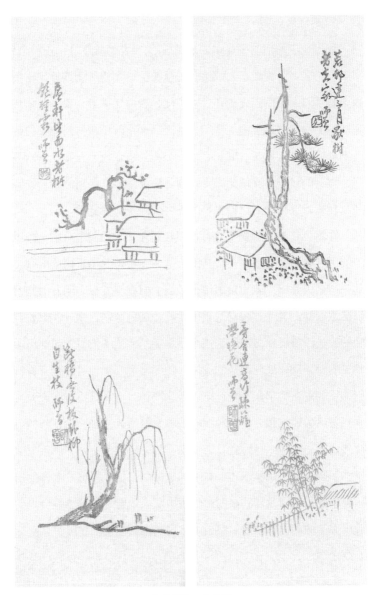

陈师曾绘　山水笺

3. 王仁治画笺

鲁迅使用的信笺中最多的是王仁治，共用画笺23枚。王仁治，字潜楼（多署名为廔），或潜孙，号冷公。光绪年间推荐到京师国子监学习。因擅书画刻印，被宫廷延为内廷供奉，曾为慈禧代笔，画上钤印"凤凰池上客"。他于民国十四年在杭州创办的西泠书画社，并任社长一职。其山水、花鸟、走兽、人物皆有所涉猎，临摹的任渭长女侠画很受欢迎。鲁迅多用王仁治所绘动物笺和花卉笺，也用过王仁治临摹的任渭长红线女侠笺。

在将王仁治绘枇杷笺、莲蓬笺带到北平大约一个月前，鲁迅曾使用过其动物笺系列，如1929年4月7日寄给韦素园的两张。其一"受天百禄"笺为黄版单色，笺上画有与"禄"同音的鹿，以寓意吉祥。另一"骏马脱重衔"笺为茶色印刷，画一匹束缚奔驰的骏马。鲁迅在信中围绕卢纳察尔斯基的艺术论以及同期出版相关的翻译问题展开激烈的论述，随即笔锋一转，笑着预言道，创造社的革命文学是小资产阶级观念产物，不久就将转向恋爱文学。鲁迅尖锐笔触，配合脱缰骏马图案的回首之姿，无比巧妙。此外还有1929年4月20日寄给李霁野的信用了一张"风生虎啸空林"笺，为一幅悬崖边大树下的虎啸图。信上写道"上海的出版界堕落了，净是印些吊膀子小说来骗人钱财"，这不容分说的驳斥文字的前方，"迅"字的署名完美地被老虎衔在嘴里，应为有意之举。

4. 吴待秋画笺

鲁迅对"海上画派"吴待秋画笺也是非常推崇的。吴徵

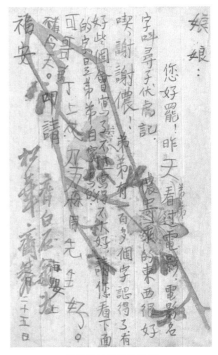

1933 年 2 月 23 日鲁迅写给黎烈文的信　　　　　　　　　周海婴写给祖母的信

（1878—1949），字待秋，号春晖外史、鹭鸶湾人、抱鋗居士等，
浙江崇德人。吴待秋擅画密梅，尤喜画"五色梅"和"赭梅"。
1906 年，吴待秋赴北京就任京兆伊后，曾受荣宝斋之邀，画有
雪梅、红梅、白梅、绿梅、赭梅及五色梅等每种 6 张信笺。《北
平笺谱》将这些梅花笺奚收入册，共收录 17 幅之多。梅花笺取
金农、罗聘之法，融于自身的写生画中，落笔轻盈，挥洒自如。
鲁迅称其为"画笺高手"，确非过誉之词。

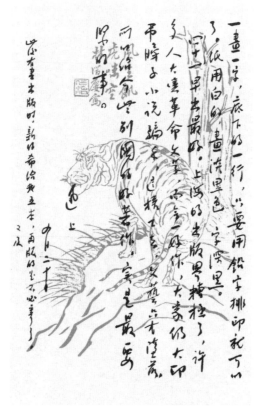

鲁迅致李霁野手稿　1929 年 4 月 20 日

　　鲁迅手稿中使用九华堂制吴待秋画笺 12 张。鲁迅写给郑振铎的信，揭开《北平笺谱》印制序幕的第一封信就是用了吴待秋画梅花笺。信中讲道："因思倘有人自备佳纸，向各纸铺择尤（对于各派）各印数十至一百幅，纸为书叶形，彩色亦须更加浓厚，上加序目，订成一书，或先约同人，或成后售之好事，实不独为文房清玩，亦中国木刻史上之一大纪念耳。"此笺选取由吴待秋原以横向构图所画的两枝金木樨，画上题有"云外天香"四字，并有鹭鸶湾人的署名以及刻有"待松"二字的朱印。金木樨娇嫩的花蕊与题字，署名为橙色，叶片为浅青色，其飞白的效果，甚是美丽。第二张印红梅绽放于挺劲有力的枝干上，题有"冷艳"二字，署名为"待秋"，印章为"岱秋"。原本鲁迅的质朴而洒脱的书法，与诗书画印构成的信笺相得益彰，写信人静谧的思绪跃然于方寸之上。这两笺也是鲁迅为了催促郑振铎加快编纂笺样簿而拿给他看的样笺，并在编辑《北平笺谱》被收录在第六册之中。

鲁迅应该很偏爱梅花笺，除了吴待秋梅花笺，《北平笺谱》第三册还收录了吴观岱所作的梅花笺一个系列的四种铭牌笺。鲁迅在1929年到1930年也都集中使用此梅花笺。收件人为许广平、郁达夫、川岛，仅限于非常窄的交际圈子。一位是一直留在上海的怀孕的妻子。其次是日本留学时的知己，在上海时被视为反动遭到疏远的年轻的进步作家，唯有鲁迅继续同其交往。还有一位是衷心敬仰鲁迅的作家，身处杭州的川岛。以上三位，可以说是鲁迅的自家人，不论是在内心生活激荡不安，还是在工作中面临挫折时，他们是能够倾诉私人情感的对象。梅花，"岁寒三友"，在这一特殊时期与鲁迅并肩作战的友人、亲人，他才会使用梅花笺。因此梅花笺，于鲁迅而言，还是一种特殊的慰藉。在鲁迅同左右两翼文艺领域的论战时，为了存亡救国这一中华民族的共同目标，决心求同存异的鲁迅，在中国左翼作家联盟结成时，还支持将梅花视为其统一的象征与旗号。对此，鲁迅自身还曾经在梅

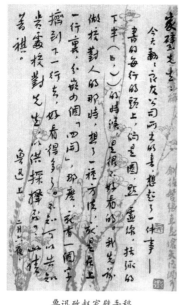

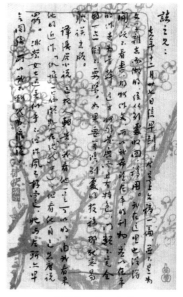

鲁迅致赵家璧手稿　　　　鲁迅致王志之手稿
1933 年 2 月 6 日　　　　 1933 年 1 月 9 日

花笺上书文，讲述了自己当时的心境："只要能培一朵花，就不妨做做会朽的腐草。"

　　在鲁迅去世前的两年，他还大量使用过各色彩印的中国古代仕女笺 11 种、西洋跳芭蕾舞女孩笺 9 种、芥子园画兰笺 8 种、十竹斋博古笺 7 种，精细挑选给朋友书信。在他生命的最后阶段，胸部染有旧疴的他，在闷热的上海租界地，他依然笔耕不辍地战斗着。他与知音好友、年轻艺术家之间的交流、沟通，构成了他生命最后的绝响。而这些信笺也能够让他得以放下论战之笔，舒缓一下箭拔弩张的感情。那案头的诗笺、花笺，既是沟通心与心

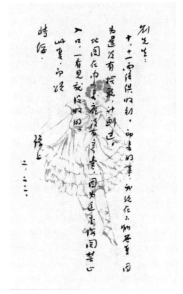

鲁迅致西谛（郑振铎）手稿
1934 年 1 月 29 日

鲁迅致萧军手稿
1935 年 2 月 22 日

之间的工具，也是促进新神思、启发新工作的妙物，赋予了作家战斗的勇气。

鲁迅讲："譬如哪怕是极其简单地收集几枚画有旧式图案的笺纸，我们或许也能够从中观察到其所在时代的风气、习惯以及社会的真实面貌。"鲁迅藏笺让我们看到一位伟大战士的艺术收藏，这一封封信笺，勾勒出鲁迅背后的艺术修养，发人深省。

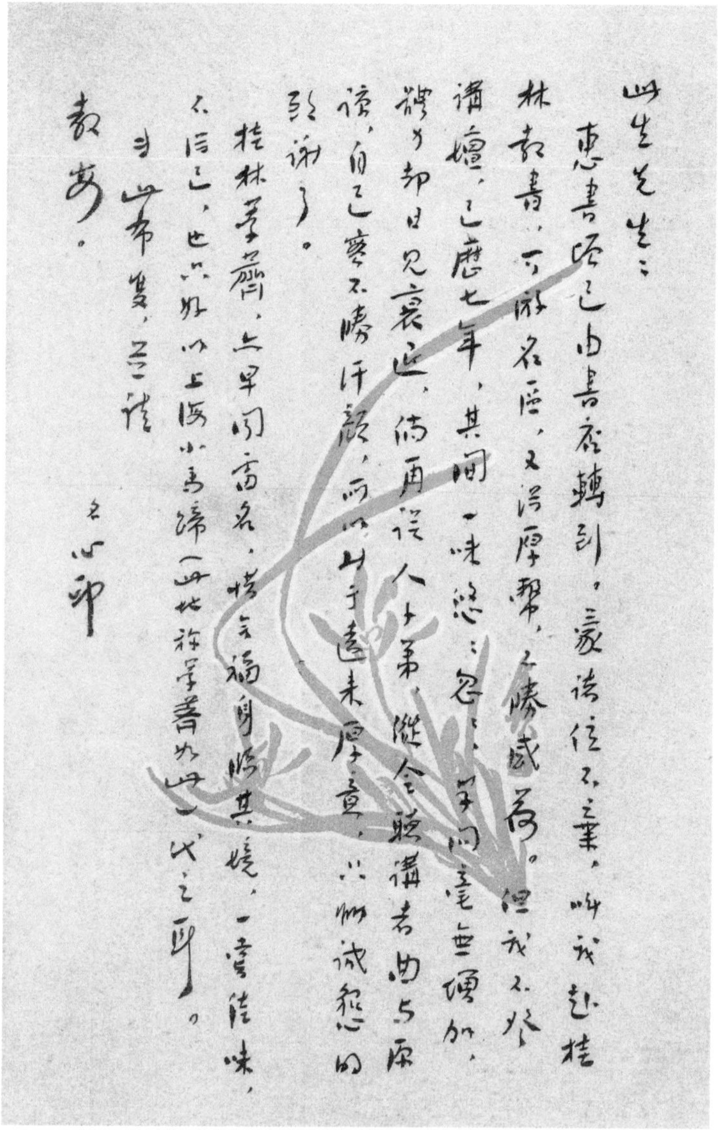

此生先生：

惠書暨已由書店轉到，家事往往不遂人意，以致悲桂林素負盛名，不僅名區，又為摩崖不勝感荷。但我又不能諸壇，已歷七年，其間一味忽忽，學問毫無進步，鶻突卻日見衰退，倘再說人大事，繼令聽講者必多原諒，自己實不勝汗顏，所以此事遠未�70章，此物誠懇的致謝了。

桂林李濟深早聞高名，情言福身將其境，一望佳味，不信之，此以外以上海小島端（西北將學者小的）代之耶？

手此布復，即請

著安。

迅　啟

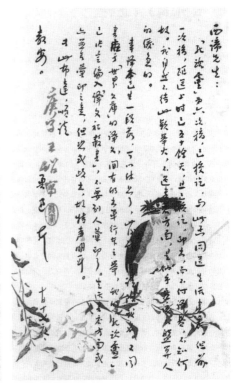

鲁迅致舒新城手稿
1929 年 5 月 4 日

鲁迅致西谛（郑振铎）手稿

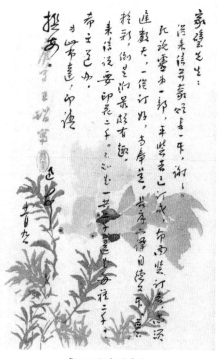

鲁迅致赵家璧手稿
1935 年 11 月 9 日

鲁迅题记
1932 年 7 月 3 日

好好题诗咏玉钩
——张大千画笺里的故事

民国时期很多文人画家都会自己绘制笺纸，并到南纸店定制画笺。文人画笺在此时达到了一个艺术的高峰，并风靡一时。张大千也参与画笺的制作，流传于世的笺纸以花鸟、人物、山水为主。他不仅有为南纸店定制的笺纸，还有自用画笺的绘制，并且会登广告宣传自己的笺纸。他在民国时期给北京的清秘阁、宝晋斋，上海的大吉祥等南纸店都绘制过笺纸。而经常合作的主要是北京的荣宝斋和成都的诗婢家。

一、张大千与荣宝斋

荣宝斋位于北京琉璃厂的西街，历来是书画界人士汇集、交流之所。张大千在 1924 年第一次入京就与荣宝斋有交集。他在北京作画时，都是由荣宝斋装裱。荣宝斋还为其研制朱砂、石青、石绿等传统国画颜料。据曾工作于荣宝斋的老员工郑茂达回忆道：

"画家一般都不愿意为南纸店作笺纸画稿，因为那被认为是'雕虫小技'，不屑一顾，更何况张大千这样的大画家。然而，荣宝斋需要时，他却毫不推辞。他曾先后三次'屈尊'为荣宝斋作笺纸画稿三套，每套八张，既有山水，又有花卉，分别刊于1935年、1951年和1957年各版本的《荣宝斋诗笺谱》。"

在1933年到1934年这两年时间内，荣宝斋曾为鲁迅和郑振铎刻印《北平笺谱》，复刻《十竹斋笺谱》。这些成功的印制经验，使荣宝斋有信心印制一部自己的笺谱。1935年荣宝斋自己编辑出版了《北平荣宝斋诗笺谱》1函2册，收入笺纸200种。其中部分保留了《北平笺谱》中荣宝斋刻印的笺纸，其余都是经过荣宝斋自己精心挑选的画笺。这其中就有张大千画笺的收录。

1935年《北平荣宝斋诗笺谱》也有不同版本，分别为藏书家杨钟羲、画家萧愻、金石学家罗振玉题签的三个版本。不过也有混搭的情况出现，比如函套的题签与封面的题签不完全对应的情况，里面收录的内容也不完全一样。以北京画院所藏的两部《北平荣宝斋诗笺谱》为例：萧愻题签的《北平荣宝斋诗笺谱》上集收录有张大千花卉笺18种，下集录张大千与溥心畬合作山水8种、山水笺8种。而罗振玉题函套、杨钟义题签的《北平荣宝斋诗笺谱》只有上集收录了6种张大千的花卉笺，花卉图案和萧愻题签版一致。

1936年荣宝斋还印制了《佳话剡藤》，未装订成笺谱，但其中也收录了张大千花卉笺数种。何为"剡藤"？剡藤是一种产于剡县（今嵊州市，新昌县）的纸，以薄、轻、韧、细、白，莹

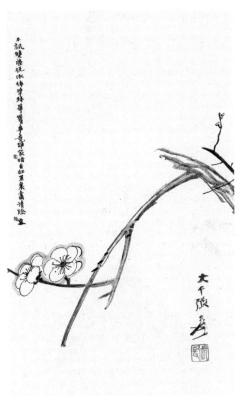

张大千画笺　1935 年
《北平荣宝斋诗笺谱》　北京画院藏

润光泽，质地精良著称。西晋张华《博物志》载："剡溪古藤甚多，可造纸，故即名纸为剡藤。"据传王羲之作书，谢灵运录诗必用此纸，故而成一时风尚。

中华人民共和国成立后，荣宝斋完成公私合营，更名为"荣宝斋新记"。1951 年 3 月，荣宝斋新记正式推出一函两册的《北京荣宝斋新记诗笺谱》。上集收录张大千花卉笺 18 种、虫鱼笺 4 种，以及张大千、溥心畬合作山水笺 8 种。1953 年版《北京荣宝斋新记诗笺谱》一函两册改为 120 幅画笺，其中下册收录张大千山水笺 8 种，张大千、溥心畬合作山水笺 3 种。而到了 1955

《北京荣宝斋新记诗笺谱》第三卷
1957 年　北京画院藏

《发光的宝藏》 双鱼笺 1957 年

年版《北京荣宝斋新记诗笺谱》可能因为出版需要，仅收录画笺
80 幅。张大千画笺则未有收录。1957 年《北京荣宝斋新记诗笺谱》
扩大体例，收录笺画 160 幅，分四卷印行。其中卷三收入张大千
和溥心畬合作山水笺 6 种、张大千山水笺 8 种、花卉笺 8 种、杂
稿笺 8 种。除杂稿笺中新加入了蜜蜂笺和螃蟹笺，其余各笺都是
和 1935 年《北平荣宝斋诗笺谱》的内容一致。1957 年，德国柏
林将《北京荣宝斋新记诗笺谱》中 21 幅作品编成德文版笺谱，
书名为《发光的宝藏》。其中收录张大千画笺 3 种，包括双鱼笺、
山厨清供笺、山水笺 2 种。双鱼笺是第一次出现在荣宝斋笺谱中。

　　文人墨客合作画历史上并不少见，但是合作画笺却不常
见。荣宝斋笺谱中就收录了张大千与溥心畬合作山水画笺。早在

《北京荣宝斋新记诗笺谱》第三卷 1957年 北京画院藏

《北京荣宝斋新记诗笺谱》第三卷　　　　　　《北京荣宝斋新记诗笺谱》第三卷
1957 年　北京画院藏　　　　　　　　　　　1957 年　北京画院藏

1927 年春，张大千便与溥心畲相识于北京老字号"春华楼"。
从此二人经常笔墨唱和，成为艺术上的知音好友。二人在 1934
年交往频繁，那时张大千重游北平。张大千曾租住在北京颐和园
的听鹂馆，期间他与溥心畲为邻居，二人经常在一起合作诗文绘
画，并举办画展。吉林省博物院收藏有二人这一时期共同创作的
两幅佳作《童子放鸢图》和《秋林高士图》。可以看到这两幅合
作画都是张大千画人物，溥心畲补景。一个是王孙贵族的遗民画
家，一个是南来京城闯荡的画家，在艺术上的追求高度的一致，

同时二人这一时期在京城日益声名鹊起。因二人的画坛地位，天津银行业巨擘、收藏家黄子林首提"南张北溥"之说。1934年9月15日，于非闇在《北晨画刊》上正式撰文"南张北溥"："自有才艺的人们，他的个性特别强，所以表现他这特强的个性，除去他那特有的学问艺术之外，他的面貌……乃至于他的装束，都可以表现他那特强的个性。张八爷（张大千行八）是写状野逸的，溥二爷（溥心畬行二）是图绘华贵的。论入手，二爷高于八爷；论风流，八爷未必不如二爷。'南张北溥'在晚近的画坛上，似乎比'南陈北崔''南汤北戴'还要高一点儿。不知二爷、八爷以为如何？"

而荣宝斋诗笺谱中收录的张、溥二人合作笺也正印证了这一段过往。合作笺上或题"甲戌春"，或写"寒玉堂弟与大千合作"，还有"甲戌二月大千来访默然作此册，八月重钩敷色"。"甲戌年"为1934年。合作笺原本为八开小册页，多为溥心畬绘景，张大千画人。经过时间的洗礼，这套册页也不知身在何方。但是合作画笺，却作为实物，不光体现了"南张北溥"高超的书画水平，也证实了二人的频繁交往和深厚友谊。

二、张大千与诗婢家

张大千原是蜀地人。1938年以前，他主要在日本、上海、浙江、江苏、北京等地进行艺术活动。1938年10月张大千回到重庆，年底前往成都，自此开始了以蜀中为根据地的艺术活动。

直到 1949 年 10 月到台湾，整整 11 个年头都是在四川。在蜀居的这段时间里，张大千就参与过四川"诗婢笺"的绘制。"诗婢笺"是在特殊的历史时期出现的特殊产物。抗战大后方的四川，文人墨客一直追求文雅的生活，才会竞相流传"诗婢笺"。

"诗婢笺"的出现和四川制纸业发达息息相关。唐代，造纸种类增多，制纸工艺首推四川。蜀地的一位传奇女诗人薛涛用芙蓉花汁制成带着花香的红色诗笺，并与元稹、白居易、刘禹锡等人写诗笺唱和。"薛涛笺"也成为最早的私人定制。元代费著所的《蜀笺谱》里面提道："广都纸有四色：一曰假山南，二曰假荣，三曰冉村，四曰竹纸。皆以楮皮为之，其视浣花笺纸最精洁。凡公私簿契书卷、图籍、文牒，皆取给于是。"1933 年，鲁迅先生倾巨资重新刻印《北平笺谱》时，就依古制使用四川"夹贡纸"代替宣纸。

"诗婢家"最早在 1920 年由郑次清先生创办。其名源于《世说新语》卷四里："郑玄家婢女皆读书通经"之说。也有一说是"诗婢"指的是薛涛。她因贫入乐籍为伎，却以制笺写诗著名。张大千还在 1947 年曾画《薛涛制笺图》（现藏吉林省博物馆）。画中薛涛手执花笺而立，俯首凝视，若有所思。人物造型和敷色受敦煌壁画的影响，体态丰盈有唐人风范。画上张大千题曰："长眉曲袖馨蛾碧，桂发容华飘蜀国。翠筵芳酒配朱颜，滞醉不知将钿合。浣花笺纸桃花色，帘外东风吹象笔。十离诗就泪痕干，早晚同心胜绾结。"

1936 年，郑次清先生之子郑伯英，开始经营诗婢家。除装裱工艺之外，他又增加了木刻水印、书画简册、文房四宝、彩色名笺等经营项目。诗婢家与当时的社会名流、蜀中文人关系密切，如人称"五老七贤"的曾岳如、方鹤斋、赵熙、尹仲锡、林山腴、刘豫波等多有来往。蜀地文化名人常在诗婢家小聚，品古鉴今、诗画唱和，使诗婢家成为当时文人雅集之地。到了抗战时期，张大千、齐白石、徐悲鸿、黄宾虹、黄君璧、丰子恺、谢无量等名家也纷纷入蜀，诗婢家精致的装裱和精良的笔墨备受青睐，大师们皆倚重诗婢家，成为诗婢家的常客。在战时交通阻断，宣纸紧缺，张大千还与郑伯英一起赴夹江研究造纸技艺，开发出"大千书画纸"，纸质上乘，享誉海内外。

20 世纪 30 年代中期，身为"蜀艺社"社长的罗文谟，曾到北平购得荣宝斋《北平笺谱》，又到南京购得康熙年间出的《十竹斋笺谱》，他视若拱璧。回蜀地后他便让郑伯英按照这两部笺谱的样子，试制一批供自己使用的笺纸。据罗文谟的儿子回忆："父亲请张大千画了一幅山茶小品、一幅人物小品作为印制自己的'双清馆（画室名）笺'信纸及'静盦（别号）缄'信封的图纸。山茶小品四色，分刻四版；人物小品三色，分刻三版。郑伯英都亲自参与设计、描图、装版、套印，严格把关，一举试印成功。"此后郑伯英决定多方收集蜀地画家小品画作，印成套笺谱。终于在 1943 年郑伯英创制了一批"诗婢笺"，并选集精镌为《郑笺诗谱》（又名《成都诗婢家诗笺谱》）。此笺谱一函两册，套色印刷。笺封由巴蜀名士赵熙题"郑笺诗谱"。书法家于右任作引首，书法家谢无量作序。第一册为古人名作，第二册为时贤名作。初

《成都诗婢家诗笺谱》
平安报时笺　1943年

《成都诗婢家诗笺谱》
千里一纸书笺　1943年

版500部都带有编号。后因填补市场空白，反响热烈，1945年再版500部也带有编号。而再版笺封则改由书法家沈尹默题写。序言中谢无量盛赞此套笺谱"今藏书家，竟推蜀本为最古，不知蜀中笺纸之制，雕缋精绝，唐以来，诗家以锦江笺托之吟咏，而薛涛作笺亦有名，实远在雕版之前，宜视蜀本书为尤重，岂非流传较少，故往往尊书而遗笺耶。郑君伯英，雅好艺术，收藏极富，近选名画百家，精镌笺谱，深得古意为缟纻酬答所必需，大雅君子，当有取焉。"郑伯英撰写的后序中记述了诗婢笺的原委和新制笺的产生经过："古者削方连札，取用铅刀，重滞难行。乃有缣帛及蔡侯造纸，所便实多。然质文递嬗，由朴而华，敷彩成彰，制笺以起。论其源流，实肇西蜀。素而为绚，文以及远，鸾笺十

大千居士近作十二帧之一、二　诗婢家　1946年

样，文史足征。其最著者有薛涛笺，传南北播之声诗，庵粉彩霞，由来尚已。李唐而还，辽金迭弃，中更衰乱，蜀由多故，制笺之事，莫得而闻。其后虽有博雅好古之士，运其巧思，自为款度，付之良工。然吾蜀僻在西陲，文物后于中原，重以道路险，山川间阻，笔研之资，多借江南、河北负贩而至。以余所闻，如荣宝斋、涵芬楼诸作，其雕缋精绝，实堪爱赏，而先蜀故物则没焉无存矣！自顷艺苑名宿，来游者众，橐笔负笈，览胜岷峨，时彦乡贤，共相辉映，风起云涌，蔚然大观。余以畸人，颇从杖履，观楮墨之纷披，发幽情于往古。窃惠拾诸家绘事之余，制为笺谱，远求坠绪，近集时珍，嗣续前作，踵事增华，庶几借词翰之流传，

不胫而走，遍于海内，爰自搜罗。越时数稔，广收并蓄，灿然美备，计今古名作，共得百纸，物聚所好，未敢自珍。谨作芹子之献，以供艺林之赏。当望贤达，幸不嗤为好事云。"此笺谱的制版者为大邑余海如、华阳陈泽川。印刷者为成都张丕荣、张汝卿。笺画的作者，有因抗战而入川的陈树人、梁中铭、梁又铭、郑曼陀、关山月、黄君璧、赵望云、庞薰琹、杨乡生、蔡佩珠、线云平、吴雅之等，有川籍的赵尧生、张大千、刘豫波、余兴公、张采芹、伍瘦梅，还有少数画笺从《北平笺谱》翻刻而来，如赵之谦、吴昌硕、姚华、齐白石、陈师曾、陈半丁等。木版水印的水平，大体与抗战前北京、上海相当。其中收录张大千画笺 6 幅：花卉笺 4 种（包括杏花笺、玫瑰笺、兰花笺、三鱼笺），人物笺 2 种（包括平安报时笺、千里一纸书笺）。此笺皆为饾版套色印制而成，色彩雅致，细节生动。花卉笺 4 种在《北平荣宝斋诗笺谱》中都有出现，只是印章上加了"郑氏制"以示区别。

有趣的是：张大千还在 1948 年 4 月的《万象·十日画刊》杂志上，刊登了"平安报时笺"作为《笺画选》的广告宣传。《万象·十日画刊》由张西洛、汪子美在 1948 年 4 月 15 日创办于成都。汪子美担任主编，木刻家胥叔平和徒弟戴亚夫负责制版印制。画刊作为一本以漫画为武器，抨击国民党黑暗统治的刊物。曾刊登过叶浅予、廖冰兄、丁聪、张乐平、谢趣生、张文元、高龙生、汪子美等人的多幅作品。张大千临摹的敦煌壁画、张善子的《正气歌》也都有刊载。但刊物仅仅出了 6 期，由于种种原因，不得不在当年 6 月 30 日后停刊。

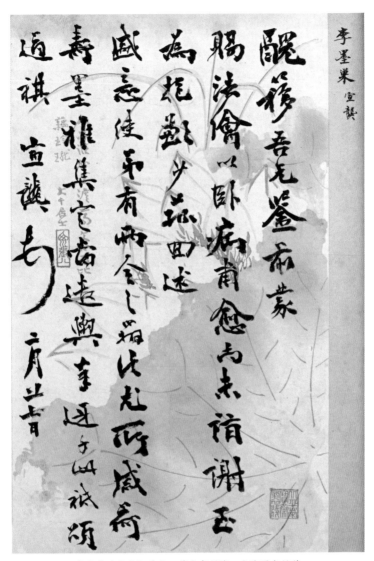

李宣龚至吴湖帆手札　荣宝斋制笺　上海图书馆藏

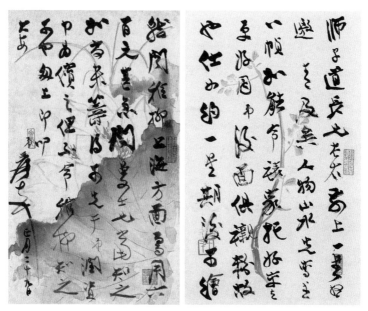

张大千致王师子手札　27 厘米×16 厘米

　　此后诗婢家还为张大千单独印制过画笺。如 1946 年印制的
《大千居士近作十二帧》。此套画笺未装订成谱，依然是谢无量
题字。收录花卉作品 12 幅（包括莲蓬菱角笺、牡丹笺、玉簪笺、
茄笺、竹笺、石榴笺、兰笺、菊笺、萱花笺、山茶花笺、荷花笺、
枇杷笺）。只是此套画笺设色过于浓艳，雅趣不足，失去了作为
信纸的本来初衷，更遵循原画面的色彩，和《荣宝斋新记诗笺谱》
的风格比较相似。到了 20 世纪 50 年代，四川木刻家胥叔平还依
此套画笺重新刻版再印，可见蜀地艺术家对大千画笺的喜爱程度
一直持续不减。

中华人民共和国成立以后，诗婢家归为国有，也有张大千画笺的印制。20世纪60年代刻印过一套12张画笺，包含仕女士子、风景、走兽、花卉等。但此套笺纸不再是套色木版水印，而是单线刻绘而成，比较接近刻铜墨盒所影响画笺绘制技术的风格。如鲁迅在《北平笺谱》谈道："初为镌铜者作墨合，镇纸画稿，俾其雕镂；既成拓墨，雅趣盎然。不久复廓其技于笺纸，才华蓬勃，笔简意饶，且又顾及刻工省其奏刀之困，而诗笺乃开一新境。"到了80年代此套画笺又有复刻，但不可同日而语。

三、张大千的定制笺

除了为南纸店绘制笺纸外，张大千也有为自己和朋友定制的画笺。如为自己定制的"我心如写"笺，上面写着"大千居士制笺"，以及画梅花笺，自注"大千居士用元人法"。

市面上也多见张大千为朋友定制的各种私家笺。如为"现代章草第一人"罗复堪绘制的石榴笺。上题："羡他开口处，笑落尽珠玑。为复庵写生写。大千。"所题诗句出自恽寿平的《石榴册》。罗复堪一生不善结交权贵，朋友多是艺术界的人士，如张大千、齐白石、徐悲鸿、梅兰芳、程砚秋等，都与他交情甚笃。还有张大千为其四哥张文修特意绘制由荣宝斋精制的套色处方笺二种。一种为杏花笺，上题"活人植杏，易杏施人"；一种为"向明见心"笺。张文修为四川四大名医之一，上海沦陷后曾到北平和张大千同住。鉴于当时流离失所的难民很多他常常免费治病，

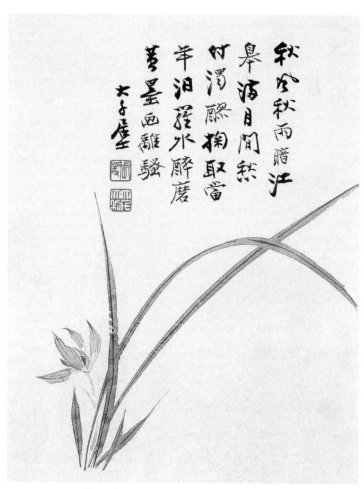

《北平荣宝斋笺谱》中张大千花卉笺的原画稿

《北平荣宝斋笺谱》中张大千花卉笺的原画稿

日本当局派人请他去东京讲授医学，他毅然辞绝。张大千为此特别钦佩四哥，亲自设计笺纸，以示对医师的敬仰。

四、张大千画笺的使用

张大千也曾使用自己画笺为友人写信。如他写给姚云江就用了张大千、溥心畬合作的山水笺。书信写道："云江学长足下：连日为画债所迫，手僵腕脱，犹不得息，遂未能趋候，罪甚！罪甚！萧尺木卷，昨守先来过，欣悉吾兄见留，感慰无似，此款乞付陈德馨兄带下。弟七日南行，行当再谋一聚谈也。此颂晨安。"张大千与姚云江同为上海"衡阳书画学社"成员，又都是曾熙和李瑞清的弟子，从信中也可看出二人交情不一般。此外还有他写

张大千笺画原稿　1992 年 4 月　香港苏富比拍卖会

给海上画坛名家王师子的信,使用了荣宝斋制的杏花笺和荷花笺。信上写道:"师子道长兄左右:前上一书,想邀青及矣。人物山水先写呈八帧,如能令裱家托好交去更好,因弟后面俱衬粉故也。仕女约一星期后可绘就。闻稚柳上海方面需用六百元,甚急,问曼士兄当知之。如尚未筹得,可先于弟润资中即为偿之。但不令稚柳知之可也。"信中可见张大千与谢稚柳的至交情深,钱财无私帮助不留姓名。另外还有张大千写给篆刻家简琴斋的书信则用了"平安报时笺"。简约画风的画笺和张大千所写的行草书相得益彰。

除张大千自用自画笺外,民国时期文人也有用张大千画笺的实例。如上海图书馆藏民国时期邢端写给吴湖帆的信,使用了张大千山水笺。邢端历任农商部矿政司司长、工商司司长、普通文官惩戒会委员、善后会议代表、井陉矿务局总办,于 1928 年后赋闲在家。此应为其赋闲后写给吴湖帆探讨艺术的一封信。另有上海图书馆藏民国收藏家李宣龚写给好友吴湖帆的信,用了张大千荷花笺。中华人民共和国成立后也有很多文人墨客一直使用张大千画笺。如清华大学艺术博物馆藏的 1978 年明清史专家谢国桢写给作家唐弢的《呈唐弢七言诗稿》就用了张大千的兰花笺。信中二人探讨读黄景仁《两当轩诗》，有感而写。

五、张大千画笺的特点

总体看张大千的画笺都是受其绘画风格的影响，内容多为高士、山水、梅兰竹菊等。风格为清新淡雅，简约脱俗的文人画笺，和齐白石妙趣横生，来自生活的民俗风格画笺不大相同。比如张大千的花卉笺，泼墨荷叶略加勾勒叶脉即见精神。不论白荷或是红荷，下笔生姿摇曳；梅花、兰花、玫瑰等都是简单几笔将花的神态描述无遗。张大千的花卉，广取古代众家之长，如青藤白阳的写意、八大的冷峻、石涛的笔墨、金农的意趣，都在他的仿效之列，他曾经特别提及石涛绘浅绛花卉："清湘花卉蔬果尤隽永有致，不落白阳、青藤窠臼，巍然独立……先施水墨，后笼浅绛，盖亦山水法也。南田一出，此法遂绝。"张大千画的花卉大多是运用石涛先用水墨，再罩花青、赭石的方法；此外他还掺入恽寿平没骨花卉的清新秀丽，技法上勾勒罩染与没骨相杂糅，秀雅妍丽而骨法清劲，是他临古、仿古、变古画风的典范。为了更容易分版刻版和彩色套印，他在绘画笺画时也是注重了此种画法。

画笺因尺幅有限，艺术效果不光在于画稿，还体现在雕版和套色印刷上。因而在创作画稿上要化繁为简，通过寥寥数笔表现物象的结构，营造诗意之境，传达文雅之气。曾见原藏于荣宝斋，

张大千画笺　清秘阁制　1934年

后流于市场的《北平荣宝斋笺谱》中张大千8张花卉笺的原画稿。分绘荷花、水仙、桃花、秋海棠、芙蓉、枇杷、竹子、兰花8种不同的花卉蔬果，设色清丽淡雅，布局疏密有度。可以看到画家在创作时已经想到木版水印的技术难度，只用四五种颜色以墨骨法在咫尺之间，表现了花卉的俯仰生姿。画笺完全是忠实于原稿画意的呈现，只是为了画面统一把墨色的题跋，印制时改为浅蓝、浅褐色。这样在写信时，颜色也不会抢了书写笔画诗翰，非常人性化。张大千的山水画笺，多为仿古之作，题材画意皆取古意，气韵的经营多于笔墨，带有独特的文人修养及内涵，体现了一种自然天成的优雅风貌。

张大千画笺中多会配合画面题有古诗或自题诗，文意轻浅，并不华丽，也反映了张大千古诗词的素养。这和齐白石画笺题款多为自写具有警示意味，托物言志的题跋不尽相同。如1935年《北平荣宝斋诗笺谱》中海棠笺题为"落叶零星响廲廊，西风吹老雁边霜。石阑夜半无人倚，留得残萤照海棠"。荷花笺题清代蒲华的诗句："高士有洁癖，美人无冶容。"水仙花笺题："玉佩笑人江上去，金钗怜汝客中来。"桃花笺题："嫩寒村店酒旗风，几处寻春系玉骢？记得少年游冶事，一枝扪折粉墙东。"黄蜀葵笺题："独怜清露添憔悴，一片秋鹅上额深。"枇杷笺题："古无琵琶二字，通作枇杷。则石田琵琶结果之诗，为不解小学矣！一笑。"兰花笺题："秋风秋雨暗江皋，满月闲愁付浊醪。掬取当年汨罗水，醉磨黄墨画离骚。"杏花笺题："南朝自此夸宫体，第一还应属杏花。"1943年《成都诗婢家笺谱》人物笺题南宋陆游诗句："千里一纸书，殷勤问亡恙。"1946年《成都诗婢家笺谱》里玉兰笺题曰："云希希，烟微微，仙人新着五铢衣，一笑嫣然喜玉扉。"

《北平荣宝斋诗笺谱》中的山厨清供笺、毛栗笺、春桃笺，不光题有张大千的诗文，还配合寿石工的题诗。如毛栗笺中张大千题道："客来为说晨兴晚，三咽徐收白玉浆。"寿石工配合的题曰："白玉浆如此，凌晨且点心，酒德共惛惛，南中茅栗子，许循寻。客簃缀句。乙亥八月。"春桃笺中张大千写道："武陵春腻雨，玉洞晓明霞。"寿石工则接一句："玉洞明霞晓，仙源腻雨春，冯问武陵人，双桃根叶在，一低呻。""山厨清供"笺寿石工还题曰："两两凫此小，瓜茄付大烹，相暎点椒明。田家风味好，酌兕觥。玺句。"二人一唱一和，完美地配合了画中意境。这三张画笺原稿出现于 1992 年 4 月香港苏富比的拍卖会中。原画册为八开，于每开题识，行隶相配，钤印皆无重复，足见画时的细意用心处。后于 1935 年倩旧京艺友寿石工题五绝诗以配之。原画册为横版，画笺为竖版，可见不是张大千专为荣宝斋画笺绘制。而根据画笺的画面要求，改横为纵，构图改变，画面内容也略有取舍，但不影响整体的风格。

在版权观念还没有太成熟的当年，张大千画笺在荣宝斋、清秘阁、诗婢家都有印制的情况出现。如仿八大山人画法的三鱼笺、牡丹笺、杏花笺，就是用同一幅原稿，但是印制水平放在一起还是可以看出高下之别。1934 年由清秘阁印制的画笺，在细节处更加注重，如叶脉走势的笔触，小鱼勾线的衔接，颜色的清雅以及水墨的层次上，更胜一筹。

一枚小小的画笺，可谓集诗、书、画、印为一体。虽未书写，本身就是一幅作品。文人墨客因而才喜欢选用不同的画笺，来书写和记录当下的心境。画笺、写笺、制笺、藏笺，也成就了一桩桩风雅的过往，等待着后来人去发掘。

纳研妙于高古
——姚茫父的金石博古笺

翻开鲁迅和郑振铎辑印的《北平笺谱》，有一组题材卓尔不群、意韵高古的画笺，这就是姚茫父绘制的金石博古笺。包括静文斋制古佛像笺、淳菁阁制西域占迹笺、淳菁阁制唐壁画砖笺各四种，全部收录于《北平笺谱》第四卷中。

一、姚茫父与鲁迅、郑振铎

这里先介绍一下姚茫父。他是近现代书画大家、金石学家，但是因为去世较早，很多关于他的生平和艺术成就不为人知。姚华（1876—1930），初名学礼，后更名华，字重光，号茫父，别署莲花庵主，贵州贵筑（今贵阳）人。曾在民国初年创办北京私立京华美术专科学校。在法学、曲学、金石学、书法、绘画、文物鉴定、诗词文赋等方面皆有突出成就。在民国的北京画坛，他与陈师曾并称"姚陈"。

《北平笺谱》为何会收录姚茫父绘笺呢？首先鲁迅和郑振铎对姚茫父画笺艺术价值是十分肯定的。我们可以从鲁迅在与郑振铎书信中看到，他曾多次提到姚茫父，如在 1933 年 10 月 2 日写给郑振铎的信中写道："书名。曰《北平笺谱》或《北平笺图》如何？编次。看样本，大略有三大类。仿古，一也……无名氏罗汉，二也；特请人为笺作画，三也。后者先则有光绪间之李毓如、伯禾、锡玲、李伯霖，宣统末之林琴南，但大盛则在民国四五年后之师曾、茫父……时代。"鲁迅认为笺的大盛是陈师曾和姚茫父的时代。

　　郑振铎在《北平笺谱》序言中也写道："姚茫父先生继之作唐画砖笺、西域古笺，虽仿古不同创作，然亦开后来一大派。"1922年的郑振铎《访笺杂记》中对搜寻画笺还有这样的描述："……由清秘阁向西走，路北第一家是淳菁阁。在那里很惊奇地发现了许多清隽绝伦的诗笺……吴待秋、金拱北诸巧所作和姚茫父氏的唐画壁砖笺、西域古迹笺，也都使我喜欢。"可见郑振铎对姚茫父画笺的喜爱。

　　鲁迅和姚茫父应该是有生活和工作上的交集。如姚茫父1904 年春闱会试得到殿试三甲第 9 名，赐同进士出身。随后公派日本，入东京法政大学习法政兼习教育学，同时结识梁启超、陈师曾、陈叔通、黎伯渊等人。1907 年底学成归国。无独有偶的是，鲁迅在 1902 年 3 月，公费赴日本留学，4 月入东京弘文学院学习日语。1904 年 4 月结业，9 月入仙台医学专门学校（今日本东北大学）。1906 年肄业，7 月回到东京，专门从事文艺译著工作。1909 年 8 月归国。鲁迅和姚茫父的共同好友陈师曾此时也在东京。1906 年到 1907 年，二人有近两年时间同在东京，是有非常大可能性互相认识，只是在目前的文献记录上没有查到二人相熟的事件。

姚茫父 1907 年归国，寓居宣南烂缦胡同莲花寺，直至生命终点，长达 23 年。而鲁迅则是 1912 年来到北京，担任中华民国临时政府教育部社会教育司第一科科长一职。直到 1926 年秋离京赴厦门大学任教，他在北京生活长达 14 年。从 1912 年到 1926 年，姚茫父与鲁迅同在北京生活共 14 年。在北京时二人还有过一段共事之谊，那就是 1913 年教育部主持的关于"国语统一"工作。教育部读音统一会历时 3 月余，聘员及各省代表先后到会者 80 余人。鲁迅以部员身份参与其事，《鲁迅日记》对此有记载，在《门外文谈》一文中亦也提及会议之"盛况"。姚茫父作为贵州省唯一代表莅会，并受教育部委托在翌年完成《翻切今纽六论》，从六个方面阐明读音、命名、声母、四声等一系列音韵学观点。序言中姚茫父还论及会议的激烈争论，以至于"三月之中会长数易"。在长达 3 月余的会议期间，鲁迅与姚茫父不可能没有接触与互动，但最终也无缘成为挚友。

二、茫父画笺

现存的《北平笺谱》以及《茫父家书》中，姚茫父画笺大约有几种。《北平笺谱》中包括古佛造像笺、西域古迹笺、唐壁画砖笺三种。此外《如唔如语——茫父家书》中收录的姚茫父多封与其子姚鋆和弟子王伯群的信，与姚鋆使用最多的是文字笺，包括纪年笺与字样笺两种，与王伯群则多使用博古笺。

《北平笺谱》中静文斋所制古佛造像笺，展现了姚茫父所独创的"颖拓法"。"颖拓法"是姚茫父从绘画的白描双钩法与临摹法帖的"响拓"法之间所领悟而创制。需要熟练掌握"双钩、涂抹、画法"，能用笔墨如书画般涂抹成形，模拟古代造像、金石文字，犹如墨戏。陈师曾称："茫父颖拓精妙绝伦，往往于废纸零缣，残画剩墨涂改而成，竟泯其涂改之迹……废物利用，点石成金矣。"20世纪50年代，郭沫若见到姚茫父的颖拓作品，感叹它"传拓本之神，写拓本之照。有如水中皓月，镜底名花"。

姚茫父4幅影拓佛像笺画的题跋，皆用蝇头小字，或是考据造像年代，或是录写佛经偈语，皆显出他深厚的学养。如第一幅佛造像抄录了《显密圆通成佛心要集》中的一段原文："且初诸法如梦幻观者谓常观一切染净诸法。全体不实皆如梦幻。此能观智亦如梦幻。《华严经》云：譬如梦中见种种诸异相。世间亦如是与梦无差别。又云度脱诸众生令知法如幻。众生不异幻了幻无众生。又《金刚经》云：一切有为法如梦幻泡影。如露亦如电应作如是观。"第二幅为端方匋斋藏北魏佛像，上录《楞严经》。第三幅为周长安观音造像石刻，这里姚茫父对此石刻进行了考证，并题跋道："在滋阳县。此石如佛龛而缺其左边。中镂佛像。右刻大周长安二年，岁次壬寅年十二月廿二日。按长安二年，武则天僭位之十九年也。其月日作匚⊙，正合彼时字体。右边末尚有

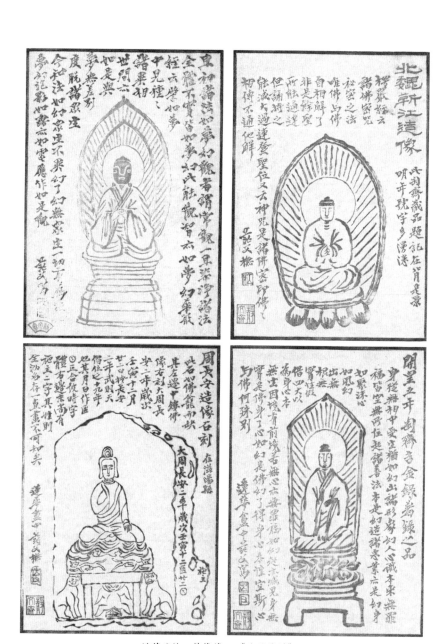

姚茫父绘　佛像笺　《北平笺谱》

姚茫父绘　西域古迹笺　《北平笺谱》

姚茫父绘　唐壁画砖笺之一　《北平笺谱》

施主二字，其姓则全泐，名存一直画，不可知矣。"第四幅开皇
五年佛造像也是端方的旧藏，姚茫父记为"《匋斋吉金录》著录
之品"，他抄录了四首古佛偈诗，恰好将造像嵌在其中：

　　身从无相中受身，犹如幻出诸形象；幻人心识本来无，罪福
皆空无所住。

　　起诸善法本是幻，造诸恶业亦是幻；身如聚沫心如风，幻出
无根无实性。

　　假借四大以为身，心本无生因境有；前境若无心亦无，罪福

姚茫父绘　唐壁画砖笺之二　《北平笺谱》

如幻起亦灭。

　　见身无实是佛身，了心如幻是佛幻；了得身心本性空，斯人与佛何殊别。

　　西域古迹画笺4幅皆为人物头像特写：一为新疆雅尔湖唐佛像，二为唐画壁天人像，三为唐壁画伽南像，四为新疆吐峪沟唐画绢本。无论是肃穆的天人、怒目的金刚，还是典雅的天女、虔诚的供养人，皆以白描法写出，有吴道子遗风，线丝圆润清爽，人物神情益然。外框花青色，中间图案用淡墨印制，墨色均匀。

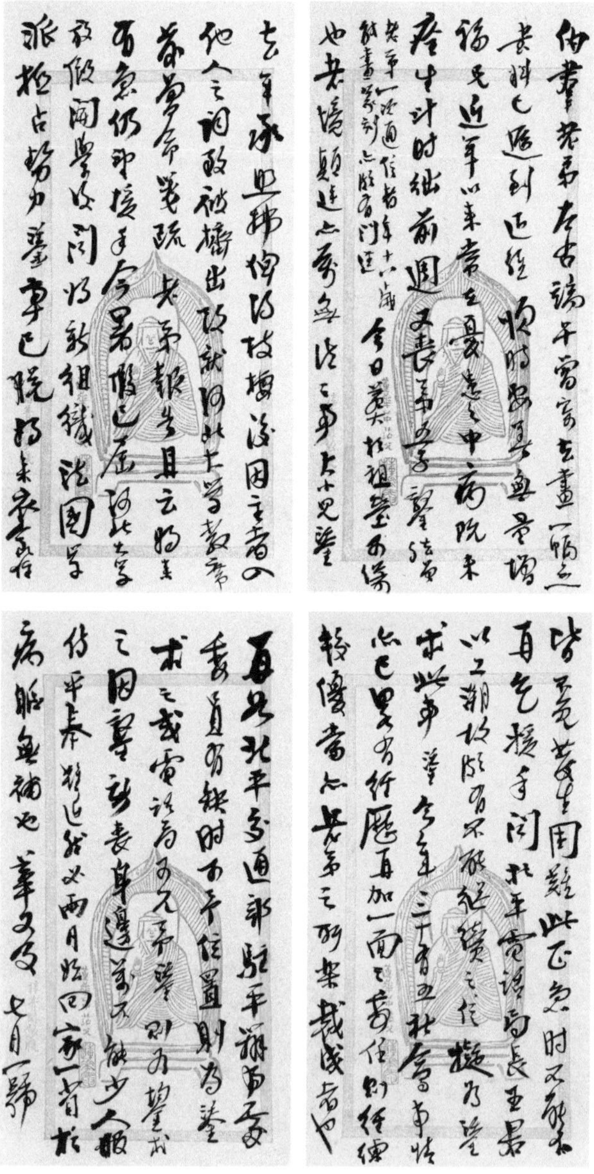

姚茫父与王伯群书　第十二通

整体笺画古拙雅致。

　　4幅唐壁画砖笺均为写意仕女画，宽衣博带，面若桃花。其中后两幅人物为《妇人启门图》，两个女子半掩在门后，有白居易"犹抱琵琶半遮面"之诗境。《妇人启门图》的历史非常悠久，从东汉开始，这样的壁画就经常出现在很多墓室中，以各种墓葬壁画、画像石、画像砖、砖雕中最为常见，在唐宋时期非常流行。学者宿白先生认为，这些画之所以画在门上，是想表示门后还有庭院或房屋、厅堂，意思是墓室到此并没有到达尽头，从而表现出墓主人生前过着比较富裕的生活，又或者是墓主人希望自己来世能过上更好的生活。姚茫父曾在日记中记载道："吾近得唐砖四，二有墨笔书，二则墨笔画，其价五百元也。"4幅笺纸都写有"砖墨馆藏"。姚茫父藏书楼则为"砖墨馆"。虽然这4幅不一定就是《北平笺谱》收录的4幅唐代画像砖，但他痴于金石、不惜千金的豪情可想而知。陈师曾对他的古砖入画很是欣赏，曾题诗《题弗堂所藏仕女古画砖》："蛾眉奇绝内家妆，粉墨凋零想汉唐，好古另开金石例，弗堂双鬓费评量。"姚华的人物画大多直接汲取汉唐画像砖风格，他创造出"勾乙"法描绘人的面部，使人物更显端庄典雅，颇有汉唐之风。

三、画笺的使用

　　在《茫父家书》中，我们可以看到姚茫父自用自画笺的情况。其中书信四十三通使用了文字笺。文字笺通常从石刻碑文或者名人法帖中摘录个别吉祥文字或制笺所需文字，以双钩法描摹刻印出来，既具书法韵味的视觉图像，又隐性的表达文化内涵。文字作为底纹既可观赏又可阅读，也不会突兀，不影响信札的书写。

文字笺中，姚茫父使用最多的是纪年笺，纪年笺是文字笺中比较常见的形式，选取碑刻文本中的纪年文字制笺，多为"岁次某某"或"岁在某某"，可以用于特定的年份。民国三年（1914），姚茫父与长子姚鋆通信共 10 通，其中 8 通为双钩"岁次甲寅"纪年笺。1914 年就为甲寅年。据题款可知此文字出于"魏永熙三年造像"，由宝晋斋制笺。此造像也曾为清代端方所藏北魏韩显祖造像，"岁次甲寅"四字节选自造像石刻开篇："大魏永熙三年岁次甲寅六月壬子朔廿八日巳卯。"

民国四年（1915）的书信中 6 通皆为双钩"岁次乙卯"纪年笺，出自《魏司马昇志》："以天平二年岁次乙卯二月廿一日春秋卅又一薨于怀县。"民国五年（1916）与姚鋆通信 9 通，全为"岁在丙辰"纪年笺，出自《广武将军碑》："维大秦建元四季，岁在丙辰，十月一日。"姚茫父在 12 月 17 日的信中提道："吾近因买《广武将军碑》去银陆佰伍拾元，又添一债……苻秦时书，海内不过三五本，故价极昂，然如错过，恐不获再遇，况碑阳碑阴俱全者耶。"可见姚茫父痴迷于金石收藏，不惜举债购之。而同时此笺为也为研究清末民初金石文物交易提供了例证。民国六年（1917），姚茫父与姚鋆 8 通信函为"岁在丁巳"纪年笺，其中 5 通出自"魏天平四年获嘉县安村尼寺塔像记"，左侧姚茫父题记："此记未见著录，不知何时访得，近获拓本因橅四字。"

另外 3 通"岁在丁巳"出自唐开元五年李邕书《叶有道碑》最后一句"开元五年岁在丁巳三月七日"。民国七年（1918）与姚鋆通信中 3 通为"岁次戊午"纪年笺，出自山东诸城王氏藏魏元象元年《张敬造石柱记》："维大魏元象元年岁次戊午六月□子朔廿一日戊申佛弟子张敬谨建石柱一枚。"

除使用纪年笺以外，姚茫父还使用字样笺。一为 1918 年 1 月 11 日写给姚鋆书信沿用了《叶有道碑》纪念笺形式，在文字四周又画有清代翁方纲钩临的《熹平石经》碑刻残石轮廓，并将文字残缺部分如实模写。另一个字样笺是 1929 年 7 月 14 日姚茫父与其学生王伯群通信用笺，刻石文字已模糊难以辨识，通过右侧题记可知出自琅琊台刻石，传为秦李斯所书，也是姚茫父家书中唯一的篆书文字笺。字样笺多选取常见石刻中的吉祥文字制笺，多为二字或四字，以在书信中传达祝福之意，而姚茫父的字样笺不限于吉祥文字，常选刻石之局部，将其上的文字完整地勾勒。这和其颖拓的技艺相关，姚茫父不仅是将字样笺当作装饰性的纹样，更注重金石学的学术性和艺术表现性。

《茫父家书》中姚茫父与弟子王伯群的书信很少用纪念笺，而更多使用自绘的博古笺。其中有一张为《北平笺谱》中的"西域古迹笺之新疆吐峪沟唐画绢本"。另有三种古佛笺，此类笺纸比较少见，为紫色单色笺，皆为佛坐像，一张有高台底座，其一左下题"莲花山上茫父"并钤印"莲花庵"；其二于佛像正下方题"癸亥茫父写佛"无钤印；其三佛像右侧题"茫父写佛一心供养愿上下十方咸同祈福"并钤印"莲花庵"，此三式古佛笺均未

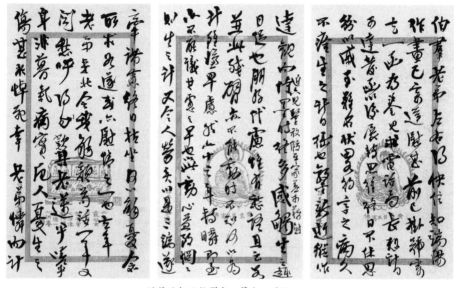

姚茫父与王伯群书　第十三通之一

在题记中说明年代出处。最后一种姚茫父自制博古笺为六佛同龛笺，画佛龛于笺纸偏下方，同为紫色单色笺，虽线条粗率形象简略却不失古朴庄重，佛龛下题："六佛同龛癸亥三月茫者处心写像愿人间有缘一心供养。"

除了姚茫父自用自绘笺，可以发现民国文人也喜欢用其制的金石笺。比如鲁迅在 1929 年 9 月 27 日致李霁野函，以及鲁迅其二弟周作人在 1928 年 11 月 23 日和 11 月 25 日致俞平伯函，所用笺纸皆为姚茫父所摹唐壁画砖笺。

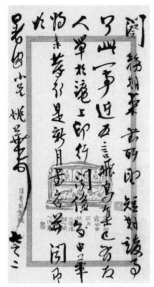

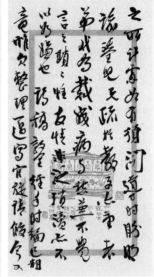

姚茫父与王伯群书　第十三通之二

四、金石笺的意义

姚茫父曾在与姚鋈的通信中提道："吾生至约，而购古甚浪费。然吾非古董玩物役适焉，而将以为学问谋也。"说明他于金石之好并不仅是赏玩，更多是为做学问。这一方面反映了姚茫父自身的学术追求，另一方面反映了清代以来推崇金石考据学的学术风气。

清代金石考据学发展非常兴盛，金石铭文和古器物形制的研究，金石文献与经史的互证，成为当时文人士大夫闲暇之余的重要消遣方式。清晚期金石派人物群星灿烂，翁方纲、王文治、孙

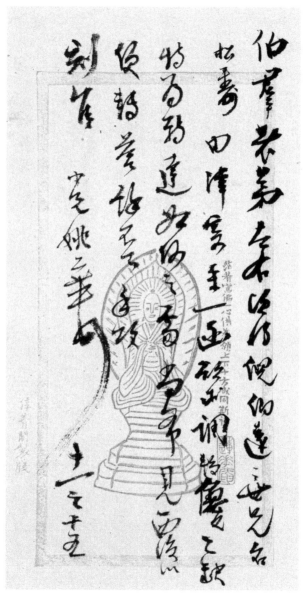

姚茫父与王伯群书　第十七通

星衍、阮元、吴云、潘祖荫、吴大澂、陈介祺、赵之谦、叶昌炽、杨沂孙、俞樾等文人，擅长金石书画，他们根据各自喜好定做诗笺，常以古钱、碑刻、铭文、青铜器入笺，被称为"金石书笺流派"。西泠八家中的黄易、奚冈、陈曼生、赵之琛，不仅在金石书画、篆刻方面造诣颇高，同时积极地参与晚清的制笺活动。

金石古物收藏家们，每每得到一件器物后，则会摹拓留真、依样描绘，以供好友鉴赏。而依样描摹制笺，则比金石拓片或金石题材的绘画作品，流传更为广泛，不仅可以跟远方的亲朋好友通信，共同分享金石笺的历史及艺术价值，还可收藏纪念。此外，文人们摹拓新出土古器物制笺对金石图谱又具补遗的作用。

这就是为何姚茫父反复在家书中强调金石于学术研究之重要性："凡考古，金石品高，书画品低，亦以其渊源分耳。"并身体力行，在其笺纸作品中多使用金石图像。除了其本身对艺术品的欣赏与学术研究上就以金石为重以外，他将有名的碑帖、未见于著录的刻石、刚出土被其重金收藏的砖石，纷纷纳入笺画中。这些金石博古笺不仅体现了姚茫父超高的金石造诣，还表现了其"纳研妙于高古"的审美情趣和学术追求。

于方寸之间，得历史之味。

后 记

　　转眼《纸短情长：中国笺纸里的艺术故事》就要出版问世，感慨时光飞逝。

　　2011 年入职北京画院时，我曾负责过画院图书的典藏工作，这期间接触了大量的画院收藏的图书古籍。其中有民国笺谱数十种，如《北平笺谱》《十竹斋笺谱》《北平荣宝斋笺谱》《成都诗婢家诗笺谱》《文美斋诗笺谱》等等，都是在经过老一辈画家们精心挑选后购买入库的。这些古朴、雅致的笺谱，为我打开了一扇通往研究新领域的大门。轻抚笺纸，如翻看旧时光影，与百年前的士人对话。从此我便爱上了花笺，研究并撰文，一发不可收拾。首先在北京画院《大匠之门》丛书中介绍这些笺谱，之后在各种杂志和报刊上发表有关笺纸类文章十余篇。而我也在收集研究材料的同时，开始了自己对民国笺纸的收藏。

　　本书是基于我近几年积累的笺纸研究文章内容，并补充了古代部分的笺纸内容，将笺纸历史变化做了一个古今的对照，力图串起笺纸发展的历史脉络；并通过从各种渠道寻找笺纸的高清图像进行充分展示，让读者能更直观、真切地欣赏笺纸。但是由于版面有限，也只能将部分图像割爱删减。

本次受邀写书之时，我已身怀六甲。就在书稿完成的一周后，我的宝宝顺利呱呱落地。感谢写书期间，我的先生李昂对我无微不至的照顾。感谢我的千佳在孕期没有太为难我，让我可以顺利码字。感谢国家图书馆刘洁老师的邀约，让能够为我所爱的笺纸写一本小书。感谢吴洪亮院长能为我的这一本小书写序言。感谢怀一老师对我写书的不断鼓励。感谢上海博物馆凌利中老师、上海图书馆梁颖老师、清秘阁杨中良老师、国家图书馆李东晔老师、国家文物进出境审核四川管理处刘振宇老师、韩旭老师、半山堂的葛先行老师、止观书局许石如老师，为本书提供的图片支持。

图书在版编目（CIP）数据

纸短情长 : 中国笺纸里的艺术故事 / 张楠著. --
南京 : 江苏凤凰美术出版社, 2024.1
ISBN 978-7-5741-0920-9

Ⅰ.①纸… Ⅱ.①张… Ⅲ.①信纸–鉴赏–中国②信
封–鉴赏–中国 Ⅳ.①G262.9

中国国家版本馆CIP数据核字（2023）第073180号

"神游"系列 003
　主　编　刘　洁

责任编辑　　　郭　渊
项目执行　　　刘秋文
封面设计　　　杜文婧
责任校对　　　龚　婷
责任监印　　　生　媛
责任设计编辑　陆鸿雁

书　　名　纸短情长 : 中国笺纸里的艺术故事
著　　者　张　楠
出版发行　江苏凤凰美术出版社（南京市湖南路1号　邮编：210009）
制　　版　南京新华丰制版有限公司
印　　刷　苏州市越洋印刷有限公司
开　　本　890mm×1240mm　1/32
印　　张　10.375
字　　数　200千
版　　次　2024年1月第1版　2024年1月第1次印刷
标准书号　ISBN 978-7-5741-0920-9
定　　价　128.00元

营销部电话　025-68155675　营销部地址　南京市湖南路1号
江苏凤凰美术出版社图书凡印装错误可向承印厂调换